*Die Transporter der Aufbau-Ära*

# Helfer des Wirtschaftswunders

HEEL

## Herzlichen Dank!

Die Transporter des Wirtschaftswunders entzogen sich in den vergangenen Jahren beharrlich dem öffentlichen Interesse. Viel Material ist noch nicht wiederentdeckt, gesichtet und ausgewertet – was die Suche nach brauchbaren Informationen erschwert. Last not least: Die meisten Hersteller existieren heute nicht mehr, mit ihnen sind die Firmenarchive untergegangen. Trotzdem ist es gelungen, dieses Buch zu schreiben und vor allem brauchbare Bilddokumente zu sichern; die Recherche könnte man unter dem Stichwort „Industrie-Archäologie" zusammenfassen. Nicht immer entsprechen die vorgefundenen Bilddokumente den letzten Erkenntnissen fotografischer Perfektion – aber oft zeigen die nicht völlig scharfen Aufnahmen ein Unikat, einen bisher nie gezeigten Sonderaufbau oder eine Modellvariante, die so nur wenige Monate produziert wurde. Im Interesse des Wiederentdeckens und -erkennens (und auch der Vollständigkeit) blieben deshalb auch Fotos von schwieriger Qualität in der Endauswahl.

Ein sehr herzlicher Dank geht jedenfalls an folgende freundlichen Menschen, ohne die es dieses Buch nicht geben würde – die Nennung erfolgt in alphabetischer Reihenfolge:

Andreas Beyer, Wiesbaden, der VW-Bus- und Hanomag-Matador-E-Bilder aus seinem Archiv beisteuerte;

Hans-Joachim Brauer, Witten, den Vorsitzenden der Bulli-Kartei, für seine wertvollen Informationen zum Thema VW Bus;

Heinz Ehls, Mannheim, der seinen Tempo Hanseat und seinen DKW Schnellaster für unsere Farbfotostrecken mobilisierte;

Thorsten Elbrigmann, Bergkamen, für die Dias des schön restaurierten Framo V 901;

Lothar Franz, Ingolstadt, der uns die Schubladen zum hervorragenden Archiv der Auto Union GmbH öffnete;

Michael Herbold, Ludwigshafen, der das Titelfoto und viele Farbbilder in diesem Buch fotografierte;

Axel Johanßen, Gummersbach, der mit Fotos von Raritäten wie Ostner oder Manderbach aufwarten konnte;

Peter Kurze vom Bogenschütz-Verlag, Bremen, der bislang unbekannte Goliath-Werksfotos auftun konnte;

Wolfgang Kraus, Langen, dessen Archiv wir auswerten durften und der uns sein Wissen um die Goggomobil-Schnelltransporter ausbreitete;

Eberhard Kittler, Wiesbaden, der den Blick hinter den Eisernen Vorhang wagte und über Transporter in der ehemaligen DDR berichtet; .

Klaus Rabe von der Zeitschrift *Historischer Kraftverkehr,* Köln, für seine Informationen zu Klein- und Kleinstanbietern der Transporter-Szene;

Herrn Ricken, dem Archivar von Westfalia in Rheda-Wiedenbrück, der bislang unveröffentliche Bilder von Westfalia-Aufbauten auf DKW-, Tempo- und Gutbrod-Basis beisteuern konnte;

Paul Schinhofen, Ford Werke AG Köln, für Fotos der frühen FK-Modelle;

Dr. Paul Simsa, St. Goarshausen, für die zeitgenössischen Lloyd-LT-Fotos und die Berichte aus dem damaligen LT-Testalltag;

Stephan Veil, Stuttgart, dem wir die gesammelten Händlerrundschreiben des Goliath-Werks seit 1952 verdanken;

Alexander Weinen, Wadern, der die Story des Ford FK aufschrieb, tief in sein Archiv eintauchte, und dessen große Kompetenz rund um die Marke Ford ein ewiger Quell des Dazulernens ist; und

Dr. Bernd Wiersch, Wolfsburg, in dessen VW-Archiv tatsächlich zum Teil unveröffentlichtes Bildmaterial zum Bulli lagerte.

Zuletzt (wichtig): Susanne und Barbara gebührt größter Dank für ihre unglaubliche – nun schon wiederholt bewiesene – Geduld.

## Impressum

Heel Verlag GmbH
Wintermühlenhof
53639 Königswinter
Telefon 0 22 23/9 23 00
Telefax 0 22 23/92 30 26

Verantwortlich für den Inhalt:
***Christian Steiger/Thomas Wirth/ Eberhard Kittler/Alexander Weinen***

Umschlag:
***Olaf Schumacher, Bonn***

Gestaltung, Satz und Lithos:
***Fotosatz Hoffmann, Winterscheid***



Druck:
***Lorenz Ellwanger, Bayreuth***



ISBN 3-89365-464-X

# Inhaltsverzeichnis

*Selbst Ende der 70er Jahre landeten Fundstücke wie dieser Tempo A 400 nicht auf dem Veteranenmarkt, sondern beim nächsten Verschrotter.*

*Vielleicht noch ein paar Jahre als alternatives Wohnmobil, bis der TÜV das letzte Veto einlegte – trostloser Verfall machte den Abschied häufig leicht.*

*Verbrauchsdatum überschritten: Abgeschrieben, aufgegeben – für Kleinlaster gab's meist keine schraubenden Prinzen.*

# Wo sind sie geblieben?

## Warum Kleintransporter ein Buch wert sind

Es waren Jahre voller Mangel und Chaos. Deutschland nach dem Krieg: Ein zerissenes Land, innerlich wie auf den Karten, die Menschen entwurzelt und der Zukunft beraubt. Ein ganz normales Leben war die große Hoffnung für viele. In Ruhe gelassen werden. Sich um sich selbst kümmern, um die Familie. Die Gefühle ins Lot bringen und einfach ohne Angst leben.

Mitteleuropa war ausgeblutet. Infrastruktur? Nur Reste – viele Straßen zerstört, die wichtigsten Brücken gesprengt, Eisenbahn und Autos von der Wehrmacht geschunden. Doch es gab viel zu transportieren in den ersten Jahren nach dem Krieg: Menschen natürlich, Geflüchtete und Heimatlose, Heimkehrer und Orientierungslose. Es wurde aufgeräumt – Schutt, Trümmer, die Reste eines tausendjährigen Reichs waren zu entsorgen, aufzubereiten, zu sammeln, wiederzuverwenden. Und Millionen Menschen hatten Hunger, konnten sich nicht selbst ernähren – sie bedurften der Versorgung mit dem Notwendigsten, um zu überleben.

Handkarren und Pferdefuhrwerke holperten durch Nachkriegsdeutschland, die wenigen intakten Schienenstrecken wurden intensiv genutzt. Marode Lastwagen, die von der Front heimgekehrt waren, bekamen zivile Aufgaben zugewiesen. Die Zeit war pragmatisch: Personenwagen, die den Krieg überlebt hatten, wurden umgenutzt. Eine Trennwand kam hinter die Vordersitze, und wo einst die Passagiere saßen, fand jetzt eine Pritsche Platz. Not macht erfinderisch, und so waren die Konstruktionen meist in abenteuerlicher Weise provisorisch.

Viele Handwerksbetriebe kamen mit diesen Umbauten an die ersten Aufträge. Oft bauten sie aus Motorrädern dreirädrige Lastvehikel mit Ladefläche oder geschlossenem Aufbau. Aus Hinterhof-Werkstätten wurden kleine Aufbau-Hersteller, deren größtes Kapital ihr Organisationstalent war. Freilich wurden auch die Automobilhersteller schnell aktiv: Daimler-Benz besann sich auf den Vorkriegs-170 V und bot ihn als Pritsche und Kasten an. Ford lieferte den Taunus Standard als Kombi, Opel den Olympia. Große Dreiräder – Tempo und Goliath – ergänzten das Angebot. Und es wurde neu konstruiert: Mit dem DKW-Schnellaster und dem VW-Bus manifestierte sich eine neue Klasse, Kleintransporter mit bis zu einer Tonne Nutzlast, die technisch und konzeptionell den Personenwagen näher standen als den Lastern. Das Fachblatt *Last-Auto und Omnibus* freute sich 1950, daß ein Nutzfahrzeug „auch dann noch Transportmittel bleibt, wenn es keine Bärenkräfte und eiserne Konstitution des Fahrers voraussetzt."

Den wichtigsten Impuls bekam Deutschland durch die Währungsreform im Sommer 1948. Neues Geld: Das stützte den vorsichtig gewagten Neuanfang, gab Mut, der durch Hoffnung genährt wurde. Die Warenströme begannen wieder zu fließen, die Rationierungen nahmen ein Ende. Nicht nur der Handel stürzte sich auf die neue Transporterklasse. Für jeden erdenklichen Zweck wurden Spezialaufbauten angeboten, es gab rollende Kaufhäuser, fahrbare Teppichklopfmaschinen oder Tiefkühltransporter. Mit Sitzbänken und nobler Ausstattung wurden die Schnellaster zu veritablen Kleinbussen – Deutschland startete durch.

Die stürmischen Wirtschaftswunderjahre waren eine strenge Prüfung für unreife Konstruktionen, den harten Wettbewerb überlebten wenige. Nur flexible Lösungen hatten langfristig eine Chance. Im zweiten Nachkriegsjahrzehnt hatten sich die Reihen erheblich gelichtet, war die bunte Vielfalt schon fast Geschichte. Das Goliath-Band hielt 1961 der Konkursverwalter an, Tempo lebte noch ein bißchen länger, DKWs Zweitakter verstummte ebenfalls in den Sechzigern – nur der VW Bulli fuhr beständig einen Rekord nach dem anderen ein.

Die kleinen Transporter prägten das Straßenbild zweier Dekaden. Doch dann verschwanden sie schnell, es gab besseren Ersatz. Geflickt und umgebaut, erlebten einige von ihnen noch einen zweiten Frühling in Studentenhand. Kein Leben für die Ewigkeit, Endstation Schrottplatz: aufgebraucht und abgeschrieben.

Erinnerungen sind geblieben, der Mensch vergißt nicht gern. Die Kleintransporter der Wirtschaftswunderzeit sorgten selten für Spaß am Volant. Aber sie begleiteten eine Generation durch den Arbeits-Alltag und halfen, Geld zu verdienen – Geld für den ersten, überschaubaren Wohlstand. Ganz ohne Emotionen blieben nur wenige Besitzer. Der Transporter band nicht nur Kapital, er war mehr als ein profanes Arbeitsmittel – nämlich die Grundlage vieler Existenzen. Das verbindet: Die Aufbauhelfer haben ein Vergessen nicht verdient.

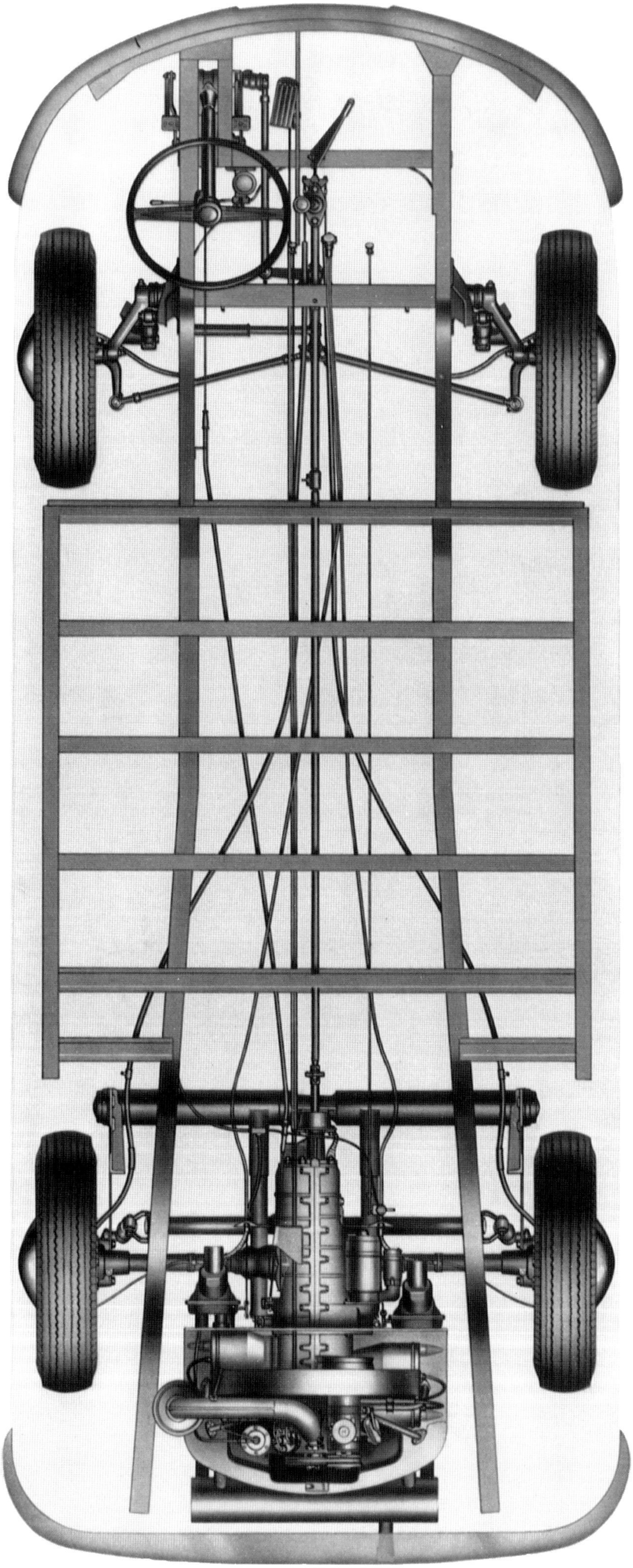

*Das VW-Prinzip:*
*Motor hinten + Fahrer vorne =*
*gute Lastverteilung.*

# Erfolg hat keinen Namen

## VW Transporter: Einer boxt sich durch

Was tun, wenn ein tausendjähriges Reich donnernd zusammenbricht und ein Erbe hinterläßt, das ein braungefärbtes Netz über das gesamte Land spannt? Wenigstens die Fassaden müssen neu getüncht werden.

Hitlers Retorten-City, am Mittellandkanal neben dem neuen Automobilwerk auf ehemals grüner Wiese errichtet, wurde vom Diktator einst propagandaträchtig Stadt-des-Kraft-durch-Freude-Wagens getauft. Das war im Mai 1945 vorbei: Wolfsburg heißt seither die Heimat des Volkswagens, der intern auf Typ 1 hörte und erst viel später den Spitznamen Käfer erhielt.

Typ 1: Das implizierte schon eine Fortsetzung. Denn mit nur einem Modell schien eine Automobilfabrikation, die unabhängig von politischen Programmen überleben mußte, nicht möglich. Der Markt wurde sondiert: Besonders an leichten Transportern in der Dreiviertel-Tonnen-Klasse schien der Bedarf groß zu sein.

Vom Kübel-Chassis waren noch Restbestände vorhanden – mit Pritschen- und Kastenaufbauten versehen entstanden die ersten zivilen Nutzfahrzeuge am Mittellandkanal. Sie waren aus der Not geboren, mehr Provisorium als durchdachte Konstruktion.

*„Wer fährt VW Transporter?", fragt der dynamisch gestaltete Prospekt von 1952. Ein paar Jahre später hätte VW fragen können, wer noch keinen fährt...*

***Der Plattenwagen: VWs erster Transporter war ursprünglich nur eine Notlösung für den Werksverkehr – und wurde zum Urahn aller VW-Busse.***

***Aus Ben Pons Ringbuch: Der Urknall des VW-Busses. Fahrer vorne, Motor hinten, dazwischen Platz für eine ¾ Tonne Ladung. Auch der Raum über dem Motor konnte genutzt werden. Besonders auffällig: beide Achsen sollten gleichviel Last tragen.***

Ihre Aufgabengebiete waren vielfältig: Sie wurden von den Besatzern für alle möglichen Warentransporte eingesetzt, fuhren aber auch Kranke – oder Pakete für die Post.

Nach Kriegsende hatten die Briten als Verwalter des Werkes agiert. Unter ihrer Aufsicht war die Produktion wieder angelaufen, doch VW schrieb rote Zahlen. Die Produktion köchelte auf Sparflamme, und an aktiver Wiederaufbauhilfe schienen die Militärs nicht interessiert. Deswegen suchten die Besatzer schon 1947, nur zwei Jahre nach Kriegsende, einen Deutschen mit Auto-Erfahrung, mit

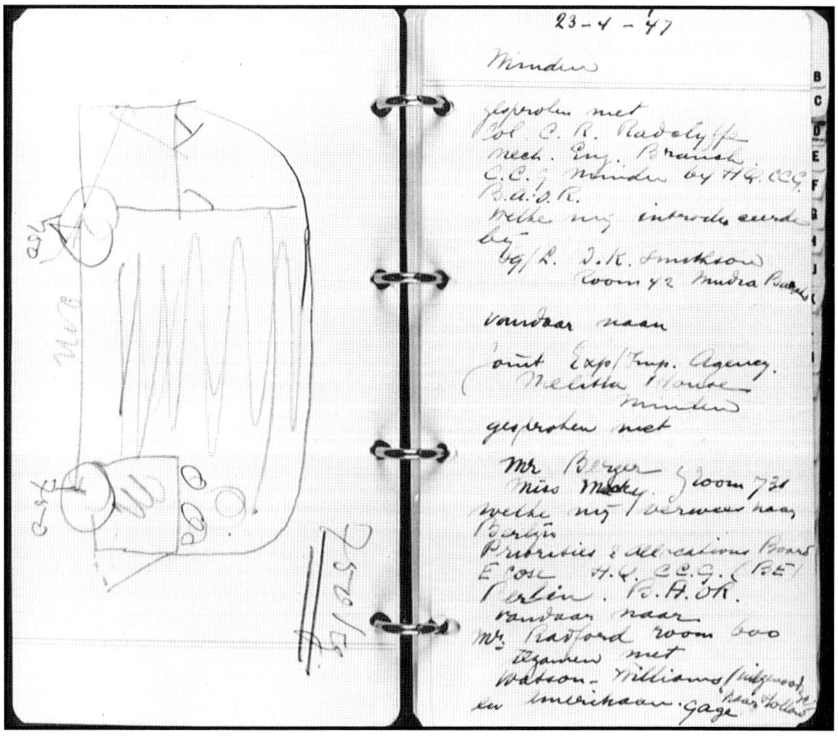


Mut und Visionen, der die Wolfsburg Motor Works auf Trab bringen sollte.

Durch Zufall erfuhr Colonel Charles Radclyffe von einem Aspiranten: Dr. Heinrich Nordhoff. Allerdings war der in Berlin studierte Ingenieur einer von Hitlers Wehrwirtschaftsführern gewesen, unter seiner Leitung hatte Opel monatlich bis zu 4000 Blitz an die Wehrmacht geliefert. Ein Parteibuch der NSDAP aber hatte Nordhoff nie besessen. Das machte Radclyffe die Entscheidung etwas leichter; die Briten legten die Entnazifizierungsvorschriften nicht ganz so eng aus. Heinrich Nordhoff konnte am 1. 1. 1948 die Leitung des Werkes übernehmen.

Die Volkswagen-Geschichtsschreibung kennt eine schöne Legende zur Genese des VW-Busses. Ein Holländer spielt darin die Hauptrolle; Ben Pon hieß der Mann, der schon 1939 Kontakte zum Volkswagen-Entwickler Ferdinand Porsche geknüpft hatte. Als erster ausländischer Autohändler konnte er 1947 einen Importvertrag für den Volkswagen abschließen. Bei seinen Besuchen in Wolfsburg war dem Nutzfahrzeug-Spezialisten Pon eine simple wie überzeugende Konstruktion aufgefallen, die den werksinternen Materialtransport abwickelte: Der „Plattenwagen" war als Provisorium von findigen VW-Technikern aus Volkswagenteilen gebaut worden, weil die Briten schon 1946 ihre technischen Einheiten abkommandierten, die bei Transportaufgaben im Werk ausgeholfen hatten.

Die Konstruktion des Plattenwagens war denkbar einfach: Ein robuster Rahmen trug eine Stahlplatte als Ladefläche. Hinten lenkte, über dem Motor sitzend, der Fahrer den allerersten VW-Transporter. Ben Pon war begei-

stert, scheiterte aber mit seinem Versuch, in Holland eine Straßenzulassung für das schlichte Arbeitsgerät zu erhalten. Er suchte nach einer Alternative und traf sich am 23. April 1947 mit Colonel Radclyffe und anderen Angehörigen der britischen Verwaltung. Ein denkwürdiges Datum – denn an diesem Tag soll der Holländer (mit etwas krakeligem Strich) die Umrisse des Ur-Busses in sein Ringbuch skizziert haben: Die Transporter-Idee war geboren.

An einen Blechkasten auf dem Volkswagen-Fahrgestell hatte allerdings schon Ferdinand Porsche gedacht. In seinem berühmten „Exposé betreffend den Bau eines deutschen

*Zu groß: Schon in der Versuchsphase kritisierte VW-Chef Nordhoff den Motorraum. Der Ausbau des Motors war eine Sache von Minuten.*

Abbildung ganz oben: *Steinzeit: Ein „Musterwagen", noch in Handarbeit entstanden. Bis zur Serienreife wurde noch einiges geändert.*

**Auftrags-Nr.** E A - 7 | VR - 154 | Typ: 29

| | | |
|---|---|---|
| Rahmen | Nr. | ohne |
| Vorderachse | Nr. | VA-1 |
| Hinterachse | Nr. | 11/1233 |
| Motor | Nr. | 1-0113088 |
| Karosserie | Nr. | 29/1 |
| Zündschlüssel | Nr. | A - 64 |
| Türschlüssel | Nr. | Y -179 |
| Haubenschlüssel | Nr. | ohne |
| Farbe | | grau |
| Radfarbe | | Zinober |
| Lackierung | | Prod. |
| Reifen | | 5.50-16 |

Bemerkungen:
L i e f e r w a g e n .
Fertigungs-Datum : 11.3.49
Abgeliefert am : 11.3.49
an: Versuchs-Abteilung.
[illegible]

Konstr. u. Vers. 8 4. 49 500

*Transport in Stromlinienform: Schon 1949 wurde Feinarbeit im Windkanal geleistet, was den VW-Bus so schnell machte, daß der Motor gedrosselt werden mußte.*

Volkswagens“ betonte er Anfang 1934 die Möglichkeit eines Karosseriewechsels: Die Limousine könne durch andere Aufbauten zum Militärfahrzeug werden (das war mit dem „Kübel“ hinreichend bewiesen worden) – oder auch zum Lieferwagen. Um die Karosserien wechseln zu können, verzichtete Porsche auf eine selbsttragende Konstruktion, die gut zum fortschrittlichen Anspruch des Konzepts gepaßt hätte.

Radclyffe zeigte sich an einem Transporter nicht interessiert. Doch 1948 änderte sich die Lage: Heinrich Nordhoff hatte als VW-Chef freie Hand. Eine gewaltige Aufgabe lag vor ihm, sie wurde zu seinem Lebenswerk: Das Werk war zum Teil zerstört, die Versorgung mit Rohstoffen schlecht. Doch Energie, Mut und Willen zum Erfolg brachte der damals 47jährige mit. Sein früherer Arbeitgeber Opel hatte ihm Kontakt mit dem Mutterhaus General Motors ermöglicht. Nordhoff kannte die amerikanische Automobilproduktion und die Marketingstrategien aus eigener Erfahrung – unschätzbares Know-how für den Aufbau eines kriegsmaladen Autowerks.

Die ersten Konzeptskizzen für den neuen Transporter entstanden noch 1948. Als Entwicklungsingenieur war Dr. Alfred Haesner verantwortlich für die Planungsarbeit – er hatte bei Phänomen in Zittau Lkw-Erfahrungen gesammelt. Möglichst viel Raum und 750 kg Zuladung standen in seinem Lastenheft für den Typ 2, kaum zu erfüllen mit einem konventionellen Pkw-Chassis. Schwierigkeiten gab es auch bei der Abstimmung: Die Hinterachse mußte mit voller Beladung fertig werden, ohne bei Leerfahrten allzu bockig zu sein.

Hier konnte Porsches Konstruktion ihre Vorteile richtig ausspielen: Der Motor lastete permanent auf der angetriebenen Achse, der Fahrer sorgte für das Gegengewicht in der Front. Ob vollbeladen oder leer – die Gewichtsverteilung zwischen vorne und hinten war immer relativ gleichmäßig. Auf diesen Grundlagen experimentierten Dr. Haesner und sein Team mit einem ersten „Musterfahrzeug“, wie es im Werksjargon hieß. Immerhin knapp 6000 Kilometer testete die Entwicklungsmannschaft diesen allerersten VW-Bus im Frühjahr 1949, danach stand eines fest: So ging es nicht.

Die Volkswagen-Basis war einfach zu schwach dimensioniert, vor 750 kg Zuladung kapitulierte sie. Ungebührlich verwand sich der Rahmen unter den auftretenden Torsionskräften, und für die notwendige Bremskraft konnte Dr. Haesner auch nicht garantieren. Immerhin spielte die Käfer-Vorderachse relativ problemlos mit, nur die 5.50 × 16-Reifen waren an ihrer Belastungsgrenze angelangt. Die Illusion eines schnell konzipierten Lastvehikels unter ausschließlicher Nutzung des vorhandenen Teileregals schmolz dahin – sofern die 750-kg-Vorgabe aktuell bliebe.

Eine Verstärkung des Plattformrahmens schied aus. Zu schlecht wäre das Verhältnis Eigengewicht zu Nutzlast geworden, rechnete

Dr. Haesner durch und gab Weisung in die Gegenrichtung: Ein selbsttragender Aufbau könnte die Probleme lösen. Damit wurde der „Typ 29", so der werksinterne Name, natürlich wesentlich teurer; auch die Zeitvorgaben waren nicht mehr zu halten.

Das Team um Dr. Haesner war vorsichtig geworden, forderte, entweder die Nutzlast-Anforderung zu senken oder in Kauf zu nehmen, daß von der Lenkung bis zu den Bremsen nahezu jedes verwendete Bauteil überarbeitet, verstärkt oder umkonstruiert werden mußte. Auch der zu hohe Verbrauch des ersten Prototyps sorgte noch für Kopfzerbrechen, doch hier half die nahegelegene Uni in Braunschweig „durch Anblasen des kleinen Holzmodells", wie Nordhoff berichtet wurde. Die im Anschluß optimierte Krümmung der Front sorgte für einen um stolze 40 % verringerten Luftwiderstand, damit war das Verbrauchslimit von zehn Litern auf 100 Kilometern erreichbar. Eine Spitze von 70 km/h war drin, das galt als vernünftiger Transporter-Wert.

Bei einem zweiten VW-Bus waren viele Details überarbeitet worden. Kurz drauf folgte Nr. 3: Man hatte den Aufbau des ersten Musterfahrzeugs kurzerhand auf selbsttragende Bauweise umgestrickt. Versuchsstrekken besaß Volkswagen zur damaligen Zeit nicht, getestet wurde auf den schlaglochübersäten Straßen rund um Wolfsburg. Dr. Haesner war zwar mit den Fahreigenschaften zufrieden, doch die Bodengruppe riß ständig ein. Auch das laut scheppernde Blechdach konnte noch nicht befriedigen. Die Tests auf dem Nürburgring und im Gebirge verzögerten sich.

*Mittel zum Zweck: Luxus war zu Beginn der Transporter-Ära noch nicht gefragt. Sachliche Argumente stachen – wie zum Beispiel gute Rundumsicht durch 1,1 m² Verglasung in der Fahrerkabine.*

*Der allererste VW-Transporter: Die Nummer 000000 fuhr jahrelang Schrott im Werk – mindestens bis 1960.*

wollte der VW-Chef die Produktion aufnehmen, gerade ein Jahr hätte die gesamte Entwicklung des VW-Transporters dann gedauert. Das Ziel schien trotz des hohen Tempos, das Haesners Mannschaft vorgelegt hatte, utopisch; schließlich mußten vor Produktionsaufnahme auch noch alle Preßwerkzeuge gebaut werden!

Zahlreiche Probleme vereitelten den ehrgeizigen Zeitplan, deren Behebung viel Zeit kostete. So mußten beispielsweise die Bremsbacken geändert werden, um das Fading in den Griff zu bekommen, und die VW-eigene Lenkung war auch nicht rechtzeitig fertig geworden: Dr. Haesner mußte auf eine ZF-Ross-Konstruktion zurückgreifen, während die Uhr unerbittlich lief. Darauf wußte der „General" (man ließ nicht ohne Grund im Werksjargon das „-Direktor" gerne weg) mit Nachdruck hinzuweisen. Insbesondere begann er die zeitraubende Feinarbeit zu kritisieren, mit der Detailverbesserungen erreicht wurden – zu viel Aufwand für zu wenig Fortschritt. Der geplante Produktionsstart sollte eingehalten werden. So ist es wenig erstaunlich, daß Nordhoff den Vorschlag Haesners ablehnte, Schiebetüren für den neuen Transporter zu entwikkeln.

Mit Argusaugen wachte der Chef über dem Fortschritt der Transporter-Entwicklung. Er scheute keine Einmischung, so schrieb er beispielsweise im April 1949 an Haesner: „Haben Sie einmal erwogen, für den Typ 29 kein Blechdach, sondern die früher übliche Dachkonstruktion mit Latten und Bezug vorzusehen?" Dabei dachte er auch an die prekäre Versorgungslage – Blech war Mangelware.

Nordhoff war ungeduldig, er spürte, wie VW die Konkurrenz im Nacken saß. Der Transporter-Markt war erfolgversprechend, es galt, keine Zeit zu verlieren: Am 1. 11. 1949

Nur noch zwei weitere Prototypen billigte er dem Entwicklungsteam zu. Inzwischen war es August geworden, und Mitte Oktober sollten bereits die ersten vier Vorführwagen für die Pressevorstellung fertig sein. Nordhoff

*Die VW-Modellpalette im Frühjahr 1950 im Überblick: Käfer und Kastenwagen. Im Hintergrund huscht der Konkurrent von DKW vorbei.*

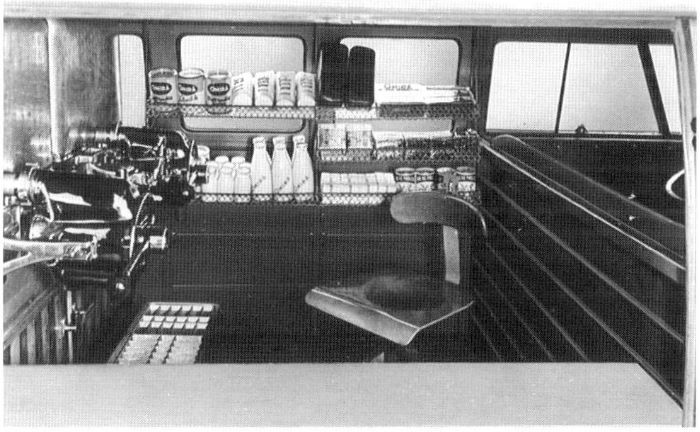

**Abbildung oben:**
*Gute alte Zeit? Mit diesem VW-Kombi fuhr 1957 der Milchmann über die Dörfer. Der Stuhl gehörte zur Ausstattung, schließlich hatte der Innenraum keine Stehhöhe.*

**Abbildungen oben links und darüber:**
*Wirtschaftswunderwagen: Purer Luxus von VW. Für stolze 9250 Mark gab es ab 1952 serienmäßig Zweifarbenlack mit polierten Zierleisten, ein Golde-Faltschiebedach und jede Menge Chrom. Der VW-Bus bot gediegenes Reisevergnügen.*

*Auch das gab es schon: Als Sonderwunsch wurde die zweiflüglige Klapptüre auch auf der Fahrerseite angeboten. Auf dem Dach befindet sich ein Entlüfter, die umgeklappte Lehne sorgt für einfachen Zugang zur hinteren Sitzreihe.*

***Die Pritsche bekam als erste Variante den niedrigen Motorraum. Spriegel und Plane wurden als Zubehör verkauft.***

wünschte sich zusätzlich noch einen Krankenwagen und einen für die Post ausgestatteten Transporter, doch Haesner winkte gestreßt ab. Das Programm war kaum zu schaffen.

Geschwitzt wurde auch in den Wolfsburger Verwaltungsetagen. Mitte September hatte die Patentabteilung Alarm geschlagen – wie sollte der Typ 29 eigentlich heißen? Vorschläge waren gesucht, die Belegschaft sollte mithelfen. Die Spielregeln: Der Name mußte in allen wichtigen Sprachen gut auszusprechen sein, Nordhoff setzte schon früh auf den Export. Zudem war gefordert, daß der Name für alle Ausführungen verwendet werden könne – vom Kombi bis zum Bus und auch für jede zukünftige Variante. Am 4. November 1949 (eine Woche vor der Pressevorstellung!) erstattete die Patentabteilung Nordhoff Bericht über neun Vorschläge: „Duro", „Fix" und „Swift" mußten abgelehnt werden, weil sie eine Beschaffenheit beschrieben und deswegen nicht geschützt werden konnten. „Mulix" und „Juwel" waren denkbar, andere Schöpfungen klangen zwar besser, waren aber schon von anderen Unternehmen gepachtet: „Pilot" gehörte Opel, „Triumphator" hatten sich die Triumph-Werke einfallen lassen und „Felix" hatte ein Hersteller seine Fahrräder getauft. Besonders gut hatte Nordhoff „Bulli" gefallen; ob der Name allerdings aus der Kombination von „Bus" und „Lieferwagen" entstand, ist nicht belegt. Doch auch hier ortete die Patentabteilung sofort Probleme: Die Lanz AG in Mannheim produzierte ihre Glühkopfschlepper unter dem Namen „Bulldog", und eine andere Firma hatte sich „Autobull" schützen lassen. Eine Verwechslung mit Bulli war nicht auszuschließen.

Die Zeit war zu kurz. Am 12. November 1949 bekamen 200 geladene Gäste einen „VW Lieferwagen" zu Gesicht. Heinrich Nordhoff überspielte die Namenspanne, flachste vor dem Publikum über die Verwechslungsgefahr, die dem $^{3}/_{4}$-Tonner drohte: Dem Bauern, der einen Bulldog bestellte, könne schließlich „irrtümlich ein cremefarbener Lieferwagen aus Wolfsburg geliefert werden" – als Ausgleich würde „dem Modehaus ‚A la femme elegant' (...) aus Versehen ein Bulldog vor die Tür gefahren", zitierte *Der Spiegel* den VW-Boß.

Ende November 1949 war das Namensthema noch immer nicht erledigt: Nordhoff hatte die Order gegeben, den neuen Transporter als „Bullibus" anzumelden. Die Patentabteilung von VW vermutete aber schon, daß die Eintragung wegen der drohenden Verwechslungsgefahr abgelehnt werden würde. In einem Schreiben an Nordhoff warnte sie auch vor einer vorzeitigen Benutzung von „Bullibus", „da die Aussichten einer Unterlassungsklage der Firma Lanz als für uns ungünstig anzusehen sind."

So kam es, daß Volkswagens erfolgreicher Typ 29 zeitlebens ohne richtigen Namen blieb. „Bulli" konnte sich auch in der Umgangssprache nicht endgültig durchsetzen, schon eher „Bus": Was ursprünglich nur die Fensterausführung des Kombis bezeichnete, fand zunehmend als Bezeichnung für die ganze Typenreihe Verwendung. „VW-Bus" war universal geworden.

***Klappe verkehrt: Zum leichteren Einladen der Trage öffneten die Heckklappen der Krankenbullis nach unten.***

Am 8. März 1950 lief schließlich die Serienproduktion mit zehn Kastenwagen pro Tag an, Vorserienfahrzeuge waren schon im Februar entstanden. Stolze 25 PS bei 3300/min entfalteten die ersten VW-Transporter aus 1131 Kubik. *Lastauto und Omnibus*, das führende Fachblatt jener Tage, sprach begeistert von der „verhältnismäßig hohen Motorleistung" und der „großen Endgeschwindigkeit von 80 km/h". Rund 10 Liter flossen auf 100 Kilometern durch den Vergaser, die Feinarbeit an der Karosserie machte sich positiv bemerkbar. Der Luftwiderstandsbeiwert war auf cw = 0,44 gesunken. Damit schnitt der große Kasten gar nicht mehr viel schlechter ab als die Stromlinienform des Käfers, die mit cw = 0,39 als vorbildlich galt.

Der neue Transporter war modern, keine Spur mehr von Nachkriegs-Improvisation. Er fand schnell sein Publikum, das im Premierenjahr 5850,– neue Deutsche Mark auf den Tresen des VW-Händlers zählte, gut tausend Mark mehr als für die Limousine. Was bekam der Kunde dafür? Einen Kasten, noch ohne Fenster im Laderaum, auch eine Heckklappe gab es zu Beginn der VW-Bus-Ära noch nicht. Beladen wurde er durch eine Zweiflügeltür auf der rechten Seite. Das viele Blech bot Sichtschutz und war die ideale Basis für Werbebeschriftungen – 120 Mark ließ VW nach, wenn der Transporter nur grundiert geliefert werden sollte. Ansonsten war die Standardfarbe blau.

Eine riesige Klappe sorgte für einen wartungsfreundlichen Zugang zum Motor, Tankstutzen und dem Reserverad, das zunächst ste-

*Erstmals auf dem '57er IAA-Stand von VW zu sehen: SO9, die Großraum-Holzpritsche.*

**Links:** *Mit dem hohen Motorraum konnten weder Pritsche noch Krankenwagen realisiert werden. Ab 1955 Reserverad hinter dem Fahrersitz und Tank über dem Getriebe.*

*No problem: Wo ein Weg war, war auch ein VW. Und kam irgendwie immer durch. Seine gute Traktion und die robuste Technik machte ihn rund um den Globus beliebt.*

Herrn Dr. HAESNER - techn. Entwicklung 8.12.49
H. NORDHOFF 77o
No/Lö.
Sonderaufbauten - Typ 29

Es kommen die ersten Zeichnungsanforderungen für unseren Lieferwagen von Karosseriefirmen, die Sonderaufbauten darauf herstellen wollen.

Wir sind vorerst an solchen Sonderaufbauten nicht interessiert und wollen deshalb solche Zeichnungsunterlagen nicht herausgeben.

Für die spätere Entwicklung wird es notwendig sein, ein Verfahren einzuführen, das Aufbauänderungen absolut von unserer Genehmigung abhängig macht.

Ich bitte, auch unsere Händler von diesem Standpunkt zu unterrichten, der solange ausnahmslos beibehalten werden soll, bis sich zwingende Notwendigkeiten für eine Änderung ergeben.

H. Nordhoff

D/Herrn Dr. FEUEREISEN

*Sonderaufbauten? Nordhoff winkte (noch) ab – eine VW-Aktennotiz von 1949.*

*Schweißen, Bohren, Sägen, Feilen: Die Arbeit war in den frühen 50ern kein Zuckerschlecken. Doch VW zahlte überdurchschnittlich hohe Löhne.*

hend, später über dem Motor liegend untergebracht war. Im Fahrerhaus fanden drei Personen Platz, es war großzügig verglast – VW verglich es damals mit einer „Flugzeugkanzel“! Ein aufgeräumtes Armaturenbrett bot das Nötigste: Ein Tacho zeigte das Tempo, der Pilot konnte per Knopf die Klappwinker und den Anlasser betätigen. Je einen Schalter gab es für Scheibenwischer und Licht, abgeblendet wurde mit dem Fuß. Ein Zündschloß sicherte das Fahrzeug. Auch außen zeigte sich der Neue spartanisch, eine Stoßstange schützte den Dreivierteltonner nur vorne. Hinten gab es einen Auffahrschutz gegen Aufpreis.

Doch derlei Details interessierten 1950 erst wenige Käufer. Was zählte, war Platz, und davon bot VW reichlich: 4,6 m³, deutlich mehr als Konkurrent DKW. Der Verkauf lief blendend an, Händler wie Kunden waren zufrieden. Schon unmittelbar nach der ersten Präsentation boten Karosseriefirmen, in jenen Jahren noch zahlreich vorhanden, Umbauten auf Basis des Kastenwagens an. Heinrich Nordhoff freute sich zwar über deren großes Interesse, wollte aber freiwillig keine Marktanteile abgeben.

Ende April 1950 kam die zweite Variante des VW-Transporters auf den Markt. Drei Fenster pro Seite werteten den Kastenwagen zum Kombi auf. Für den 6350-Mark-VW gab es als Zubehör Einbau-Sitzbänke (300 Mark), die neben dem Waren- jetzt auch Personentransport zuließen: „Zwei Wagen in einem! Die beiden Sitzbänke lassen sich mit wenigen Handgriffen mühelos einsetzen oder entfernen“, jubelten die Texter im Prospekt. Die vielfältigen Nutzungsmöglichkeiten machten den Kombi sehr beliebt, vor allem bei kleinen Unternehmen: Unter der Woche fuhr der Bulli die Ware, am Wochenende konnte die Familie mit ihm auf Tour gehen.

„Achtsitzer“ nannte das Werk die dritte Karosserie, die ab Mai 1950 zur Wahl stand. Auf den Zusatz „Bus“ verzichtete VW gerne, „denn er ist so wendig, flink und anspruchslos wie ein Personenwagen, zu dessen Gattung er technisch gehört“, lasen Interessenten im Prospekt. 300 Mark mehr als für den Kombi verlangte VW von den Hotels, Schulen und Verkehrsgesellschaften, die einen kleinen Zubringerbus suchten.

Die nobelste Art, VW zu fahren, war ab Juni 1951 die „Sonderausführung“ (sie hieß

*Phantasie macht Spaß: An Ideenreichtum mangelte es den VW-Bus-Besitzern nicht.* (Weitere interessante Farbvarianten finden Sie auf den Seiten 24 und 25)

*Gut im Geschäft: 1953 hatte sich der VW-Kastenwagen längst etabliert. Beladen werden mußte durch die Seitentür, hinten gab es eine Klappe nur gegen Aufpreis. Selbst für das Heckfenster zahlten die Kunden im ersten Jahr extra! Serienmäßig war dagegen die Hartfaserplatte mit dem kleinen Fenster, die den Laderaum nach vorne abtrennte.*

VW-Kastenwagen 5995,- Mark ab Werk (ohne Ladung - aber mit Dach)

# Nur dieser winzige Platz bleibt frei

**(da sitzt der Motor)**

Wenn man auf ihn verzichten konnte, ließen sich auch da noch Pakete hinpacken.
Irgendwohin muß er. Aber wohin?
Nach vorne?
Wir hatten durchaus den Motor vorne einbauen konnen. Vorne, wo der Fahrer sitzt, weil man ihn so schlecht nach hinten setzen kann. Mit dem Motor vorne ware aber der Transporter kopflastig geworden (Unangenehm, wenn er mal wenig beladen oder leer fahrt.) Und die Fahrerkabine hatte dann nur fur 2 Personen Platz gehabt (Unangenehm, wenn man seinen Platz mit dem Motor teilen muß, den Paketen kann es ja egal sein.)
Nach hinten also mit dem Motor?
Wenn wir den Motor hinten einbauen, haben wir ein Gegengewicht. Der Motor ist hinten. Der Fahrer ist vorne. Und der Laderaum ist in der Mitte. Wir haben also immer eine gleichmaßige Gewichtsverteilung, ob der Wagen vollbeladen, leer oder mit einem einzigen Paket fahrt. (Pluspunkt 1)
Weiter: Hinten sitzt der Motor direkt uber den Antriebsradern. Die lange Kardanwelle fallt weg, und die Antriebsrader greifen besser. (Pluspunkt 2)
Weiter: Wenn der Motor hinten sitzt, ist vorne Platz fur 3 Personen. (Pluspunkt 3)
Und hinten ist so und so Platz genug. Genau gemessen: 4,8 cbm.
Diesen Raum werden Sie kaum jemals ganz ausnutzen.
Aber es ist gut zu wissen, daß er da ist.

*Ein stolzer General: Die knappe Feier zum 100 000. VW-Transporter am 9. Oktober 1954.*

wirklich so!), umgangssprachlich als Samba bekannt. Die Luxusversion des Kleinbusses besaß eine Rundumverglasung – sogar „Ecken und Dachbord sind durchsichtig und geben die Aussicht frei", lockte VW. Ein großes „Golde-Sonnendach" war serienmäßig. Edel gab er sich auch nach außen: Das Blech war zweifarbig lackiert, breite, polierte Alu-Leisten mit Gummiprofil zierten Stoßstangen, Flanken und Schweller. Das Interieur stand nicht zurück: Sämtliche Innenflächen waren „mit Kunstleder verkleidet und reich paspeliert", Gummimatten schützten den Boden, Nettigkeiten wie Griffleisten, Aschenbecher und Kleiderhaken erfreuten die Passagiere. Selbst der Pilot durfte sich in seiner Wahlheimat wohler fühlen als der Kastenwagenfahrer, denn er blickte auf eine Instrumententafel, die sich über die gesamte Fahrzeugbreite zog und neben Zentralinstrument und Uhr auch noch Platz für ein Radio bot. Eine Sonnenblende ergänzte die Annehmlichkeiten.

Die Nachfrage überstieg alle Hoffnungen. Im September 1950 hatte VW bereits den Konkurrenten Auto Union überholt und verkaufte die meisten Transporter in der Eintonner-Klasse. Erst gegen Jahresende konnte VW den Bestellungen nachkommen, wegen Materialengpässen hatte die Produktion des öfteren eingestellt werden müssen. Am Ende des ersten Transporterjahres verbuchte VW knapp 8100 produzierte Exemplare, zwei Drittel davon waren Kastenwagen. Und bemerkenswert: Jeder fünfte ging bereits in den Export! VW fuhr auf der Siegerstraße, das Image des Transporters schien unschlagbar.

Frank Novotny, Nordhoffs PR-Chef, war zufrieden. Er hatte aber auch hart dafür gearbeitet – im April 1951 fand die erste Nachkriegs-IAA in Frankfurt statt, VW stellte aus, und 600 000 Besucher sahen die variablen Bulis: Am Stand fand sich ein Brotverkaufswagen, aber auch schon ein Kombi mit Schlafmöglichkeit, und vor dem Hintergrund einer Urlaubsidylle gesellte sich ein Porsche neben den Bus. Das reichte noch nicht: Holland, Schweden und Afrika boten zusätzliche Kulissen und bewiesen die Universalität des Wolfsburger Produkts. Alle Transporter erhielten ab sofort serienmäßig ein Heckfenster, VW reagierte damit auf die zahllosen Anfragen. Seit Ende 1950 gab es bereits eine Heckklappe, die aber noch extra bezahlt werden mußte.

Ein lukratives Marktsegment erschloß sich VW 1951. Der Versuchsbau erhielt den Auftrag, einen VW-Bus als Krankentransporter umzubauen. Doch die Vorführung eines Prototyps hatte „eine große Anzahl von zusätzlichen Wünschen und Beanstandungen ausgelöst", berichtete die Technische Entwicklung im August dem Kundendienstleiter Dr. Feuereissen – es sei „unmöglich, diese Wünsche konstruktiv zu berücksichtigen". Der übergroße Motorraum im Heck war dabei das Hauptproblem, er mußte extra für diesen Einsatzzweck verkleinert werden. Schon im Oktober begann die Serienfertigung der Krankentransporter.

Zur gleichen Zeit entstanden bei Westfalia in Rheda-Wiedenbrück die ersten VW-Wohnmobile in Einzelfertigung. Nur wenig später kam eine „Camping-Box" auf den Markt, die hinter den Sitzen Platz fand und alle Utensilien schluckte. Sogar ein Kocher war schon dabei! Doch der Wohnmobil-Markt entwikkelte sich langsam, die konservativen Deut-

**Abbildung folgende Seite:** *Moderne Zeiten: 1953 ging's himmelwärts. Der VW-Kombi war dabei.*

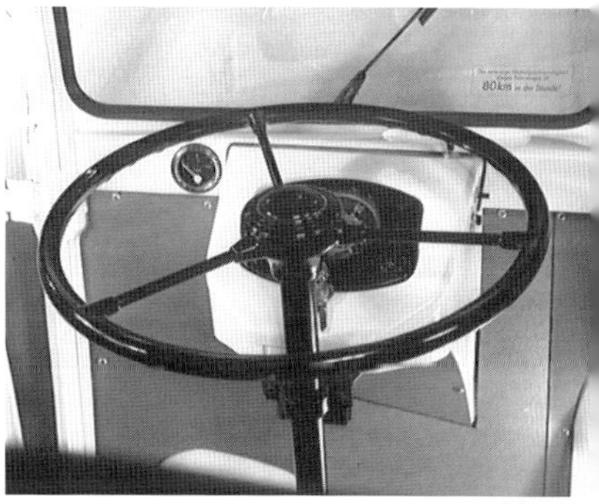

*Ganz schön einfach: Für große Ablenkung sorgte das Armaturenbrett 1954 nicht. Die Benzinuhr kostete extra.*

*Wolfsburg unter Vollast: Die Produktionsmöglichkeiten waren jahrelang voll ausgelastet. Das Bild entstand zwischen 1952 und 1954 – noch ist der Motorraum nicht verkleinert, doch die Pritsche gibt es schon.*

AIR CHA
LONDON

ER LTD.
BURG
GENERAL-VERTRETUNG
RUDOLF P. RENNECKE
TEL. 59 10 01
Air Charter Ltd.

*Wie Spielzeug: VW-Bus-Fertigung 1961.*

*Wir feiern ein Fest: Die erste Million war am 2. Oktober 1962 vollendet.*

schen mußten sich an das „Landhaus auf Rädern" erst gewöhnen – konnte man sich etwa kein Hotel leisten? Dabei waren die Camper nicht billig!

Deutschlands Wirtschaft schaffte das Wunder: Es ging steil bergauf im ersten Nachkriegsjahrzehnt. Die Materialengpässe waren überwunden, es herrschte Wachstum allerorten. VW konnte die Produktion allein 1952 um 80 % steigern – doch die Nachfrage explodierte förmlich, lange Wartefristen gehörten zum Alltag. Die Konkurrenz war inzwischen erwacht, Ford versuchte mit dem FK 1000 sein Glück, und auch der Tempo Matador war auf Kundenfang – bis 1952 übrigens mit VW-Motor! VW aber blieb unangefochten an der Spitze – 60 % Marktanteil in der Dreivierteltonner-Klasse waren Beweis für die Beliebtheit des Wolfsburgers.

Ursprünglich hatte Entwicklungschef Dr. Haesner geglaubt, auf eine Pritschen-Version verzichten zu können – zu universal schienen ihm die Möglichkeiten des Kastenwagens. Doch er hatte sich getäuscht, die Kunden drängten immer stärker auf die praktische Transport-Variante. Das brachte erhebliche Probleme mit sich, denn die selbsttragende Konstruktion brauchte den aussteifenden Kasten. Und für eine durchgehende Ladefläche war der Motorraum viel zu hoch!

Wie schon beim Krankenwagen wanderte deswegen das Reserverad hinter die Sitze, den Tank plazierten die VW-Ingenieure vor dem Motor. So wurde die Ladehöhe akzeptabel. Dank des fehlenden Rahmens war zwischen Fahrerkabine und Motorraum unter der Pritsche noch Platz – er wurde mit Klappen verschlossen, der „Kellertresor" war erfunden. Im September 1952 startete die Serienproduktion.

Die erste Leistungskur für die VW-Transporter stand im Dezember 1953 an: 20 % Zuschlag (jetzt 30 PS) und über 90 km/h Höchstgeschwindigkeit wurden durch eine etwas vergrößerte Bohrung erreicht, der Hubraum betrug jetzt 1192 Kubik. Auch über bessere Sitze und eine durchdachtere Warmluftverteilung freuten sich die Piloten. Wem das noch nicht reichte, der griff auf die brandneue Standheizung vom Zulieferer Eberspächer zurück.

Im Frühjahr 1954 sorgte eine Preissenkung zwar für einen erneuten Nachfrageschub, doch die erstarkende Konkurrenz belebte das Geschäft: VWs Marktanteil sank auf unter 30 %. Mitschuld daran hatte aber auch Nordhoffs Exportpolitik – mehr als die Hälfte aller produzierten Bulli gingen ins Ausland. Überall auf der Welt wurden Tochterfirmen gegründet, teilweise auch Montagebänder eingerichtet. VW do Brasil feierte 1957 den ersten selbst produzierten Bus.

Die Produktionszahlen in Wolfsburg stiegen ständig, das Werk war an den Grenzen der Belastbarkeit angelangt. Der 100 000ste Transporter rollte am 9. Oktober 1954 vom Band. Nordhoff hielt eine kurze Ansprache, die große Aufmerksamkeit erregte – erwähnte er doch erstmals die Pläne, ein neues Transporter-Werk zu bauen. Im Januar hatte sich die Konzernleitung schließlich für den Standort Hannover entschieden, und nach nur zwölfmonatigen Bauarbeiten rollte am 9. März 1956 eine Pritsche aus dem hochmodernen Werk.

Derweil waren langersehnte Verbesserungen in die Serie eingeflossen: Für's Heck spendierte VW ab Dezember 1954 eine Stoßstange, ab März 1955 war die Heckklappe Standard – eine sinnvolle Folge des verkleinerten Motorraums, den alle Varianten erhielten, mit Reserverad hinter dem Fahrersitz und Tank über dem Getriebe. Betankt wurde jetzt bequem von der Seite. Auch die Besatzung profitierte von der Modellpflege: Die Frontscheiben wuchsen um 1,5 cm nach oben, das Dach stand nach vorne etwas über: Hier befanden sich Eintrittsöffnungen für die Frischluft. Dikker gepolsterte Sitze sorgten für mehr Komfort, ebenso die aufgewertete Ausstattung. Mehr Sicherheit versprachen die bessere Federung und vordere Duplexbremsen.

Doch die Händler schlugen die Hände über dem Kopf zusammen: Wozu Modellpflege? Es gab weitaus mehr Interessenten für den VW als aus Wolfsburg Autos kamen! Der Umsatz hätte verdoppelt werden können. Bis zu vier Monate warteten Kunden auf ihren VW-Transporter, und manch einer von ihnen war sauer auf Nordhoff, denn der verkaufte inzwischen fast zwei Drittel der Produktion ins Ausland. Da half nur die Freundschaft zu einem VW-Händler mit guten Verbindungen ins Werk... Doch mit den erweiterten Kapazitäten des vollausgelasteten Werks Hannover entspannte sich die Lage zusehends: Bis zu 410 Transporter rollten täglich durch die Endkontrolle! 1957 kam noch eine Halle für die Motorenfertigung hinzu. Um die 5000 Triebwerke

***Da fehlt nur die Öltunke: 12 Mann in einem Kombi.***

***Im Uhrzeigersinn: Pritsche mit Ruthmann-Steiger (mit 15 000 Mark einer der teuersten Mögichkeiten, einen VW zu fahren), zwei Kombis, „Samba", Tiefkühl-Transporter, Pritsche für den kommunalen Einsatz, Polizei-Kastenwagen, Verkehrsunfall-Kommando, Tragkraft-Spritzen-Fahrzeug für die Feuerwehr, Krankenwagen, in der Mitte die Pritsche mit Drehleiteraufbau. Das war noch nicht alles: Unter anderem waren bei diesem Termin 1962 auch noch eine Pritsche mit hydraulischem Kipper, Hochraumkastenwagen und Postversionen vertreten.***

Dagbreek
Koffie
Grosch
le rouge baiser
CLAUS
KLISCHEE
KALODERMA
ALCINA
DIE WELT
Diener
CLU
SIGNA
BODENHEIM
WTMA
mit
sieht man
BALI
BLAHA SITZMÖBEL
Ewers

*VWs dickes Geschäft: Behörden und Verwaltungen kauften gerne Wolfsburger Produkte.*

*Jetzt geht die Party richtig los: Der VW-Bus eroberte sich jedes Terrain. Westfalia lieferte die Zeitgeist-Variante der 60er.*

***Familienurlaubstraum: Das Wohnmobil als Ikone bürgerlicher Freiheit.***

***En vogue: Handarbeit im Transporterwerk Hannover.***

montierten die VW-Werker täglich zusammen. Die erste Viertelmillion VW-Transporter wurde im Mai gefeiert, die 300 000ste Einheit ein halbes Jahr später nur noch registriert. Man hatte sich an den Erfolg gewöhnt, alle Kurven wiesen steil nach oben: Deutsches Wirtschaftswunderland.

Vor so viel Erfolg zog selbst die Konkurrenz den Hut. Die DKW-Schnellaster-Verkaufsabteilung schrieb 1956 in einem internen Papier: „Die Erklärung für den erstaunlichen Marktanteil dieses Nutzfahrzeuges [VW, Anm. d. Verf.] ist einzig und allein darin zu suchen, daß er sich unbedingter Zuverlässigkeit erfreut. Seine Rentabilität und, wie man hört, seine Reklamationsfreiheit, sein Repräsentationsvermögen, seine Leistung und seine Preiswürdigkeit sind die Gründe dieses hervorragenden Erfolges. Mit einer fast jedes Jahr durchgeführten Verfeinerung empfiehlt er sich immer wieder neu", notierte die neidische Konkurrenz.

Doch die Nachfrage hatte ihren Zenit erreicht: Der Markt zeigte erste Sättigungserscheinungen. Viele Betriebe vergrößerten sich und benötigten mehr Transportvolumen, als es VW & Co. liefern konnten. Damit drängten gebrauchte Fahrzeuge auf den Markt, die preislich interessant waren. Das spürten auch die VW-Konkurrenten, Goliath und Tempo beispielsweise waren dem Ende schon nahe. Volkswagen reagierte auf die sich ändernden Rahmenbedingungen mit größerer Modellvielfalt, es gab die verschiedensten Pritschenversionen, einschließlich der Doppelkabine, die bis 1958 von freien Herstellern gefertigt wurde.

Auch ein Nachläufer stand auf der IAA '57. Er eignete sich für den Transport von Langgut – das interessierte besonders die Post, die ihre Telegrafenmasten transportieren mußte. Der Pritschenwagen war auch mit Koffer oder Leichtmetall-Jalousie-Aufbau lieferbar; ein Verkaufswagen, von Westfalia hergestellt, sprach Einzelhändler an, die damit auf den Wochenmarkt oder über die unterversorgten Dörfer fahren können. Unüberschaubar war das Angebot von Karosseriebauern, die ihre Produkte nicht über das offizielle VW-Netz vertrieben.

VW konnte seine Marktposition festigen: 1958 stammten fast zwei Drittel aller neu zugelassenen Transporter bis 1,25 Tonnen aus dem Werk Hannover. Die Modellpflege konnte sich dabei auf ein Minimum beschränken: Ein lackierter Unterboden schützte etwas mehr vor Rost, die Stoßstangen waren neu und die vergrößerten Heckleuchten wanderten weiter nach außen. Das VW-Werk hatte die Fertigung der Doppelkabine übernommen, ein gutes Geschäft: Sie wurde besonders von der Post favorisiert, weil mit ihr neben sechs Arbeitern auch Material zu den Baustellen transportiert werden konnte. Die Großraum-Holzpritsche kam 1958 auf den Markt, Hersteller war Westfalia.

VWs Marketingabteilung hatte inzwischen begonnen, die potentiellen Interessenten intensiver zu umgarnen. *Flotter Transport* hieß das farbige Blatt, das zum Forum begeisterter Transporter-Besitzer wurde. So berichtete im Sonderheft „Kaffee und Tee mit dem Frischdienst-VW" der Verkaufsfahrer Arno Schierhorn aus Wolfenbüttel: „Der Wagen läuft prima und ist nicht totzukriegen. Das ärgert mich fast, denn jedesmal freue ich mich schon

*Aufschnitt: Das VW-Layout blieb über Jahrzehnte unverändert.*

*Freundliches Blech: Der Arbeitsplatz des Bulli-Piloten im Jahr 1966.*

auf den nächsten neuen, den ich bekomme, weil er immer noch besser geworden ist!"

„Ein gutes Auto besser machen", lautete die VW-Parole; statt eines Modellwechsels gab es weiterhin jährliche Detailverbesserungen. 1960 spendierte das Werk den Transportern (zeitgleich mit dem Käfer) etwas mehr Leistung: 34 PS, die einem unveränderten Hubraum entstammten. Fachzeitschriften lobten die Zuverlässigkeit und Standfestigkeit des „Drosselmotors", der Kraft im unteren Drehzahlbereich garantierte und mit moderaten Kolbengeschwindigkeiten den Verschleiß minimierte. Im selben Jahr sorgte eine Blinkanlage für erhöhte Sicherheit, vorne zunächst mit den kleinen Warzenblinkern. Nur ein Jahr später wurden die Heckleuchten abermals vergrößert und dem Fahrer eine Benzinuhr spendiert – bisher war dieses Instrument nur gegen Aufpreis lieferbar gewesen. Mehr mußte VW nicht tun, die fetten Zahlen erlaubten es: 165 000 Exemplare fanden allein 1962 den Weg zum Kunden. Am 2. Oktober feierte VW die erste Transporter-Million.

Eine Hochraum-Variante ergänzte das Karosserie-Angebot, 6 $m^3$ Ladevolumen trugen den gestiegenen Ansprüchen der Kunden Rechnung. Dazu gehörte auch der Wunsch nach mehr Leistung: Ab Januar 1963 wurde der Transporter wahlweise von dem 1,5-Liter-Triebwerk des Typ 3 befeuert, das für diese Aufgabe ein stehendes Gebläse erhalten hatte. Stolze 42 PS ermöglichten erstmals ein Durchbrechen der 100-km/h-Schallmauer. Mit verstärkten Bremsen, größeren Reifen und härterer Federung durfte jetzt auch ganz legal eine Tonne Nutzlast bewegt werden. Erst im Frühjahr 1963 war die inzwischen zur Serienreife entwickelte Schiebetür gegen Aufpreis zu haben. Im Herbst bekam der Transporter eine breitere Heckklappe, die das Beladen vereinfachte. Von hinten sah der Bus bereits aus wie sein Nachfolger. Vorne wichen die spitzen Blinker breiteren, flachen Exemplaren.

Mitte der 60er Jahre mußte Volkswagen erstmals einen Produktionsrückgang hinnehmen. Die Jahre waren an der Nachkriegs-Konstruktion nicht spurlos vorübergegangen, der VW war gealtert. Zudem hatte die Wirtschaft deutlich an Schwung verloren. Nordhoff reagierte mit einer gestrafften Modell-Palette. Der bisher parallel angebotene 1200/34-PS-Motor fiel weg, 1965 wurden dem aktuellen 1500er-Triebwerk 44 PS spendiert. Inzwischen hatte Ford mit dem neuen Transit einen ernstzunehmenden Konkurrenten ins Rennen geschickt. VWs Zahlen sackten weiter ab.

Nach erfolgreichen 18 Jahren und über 1,8 Millionen verkauften Exemplaren entschloß sich VW-Großfürst Nordhoff zu einem Nachfolger. Längst war er wegen seiner Heckmotor-Boxer-Ideologie in beharrliche Kritik geraten – mit dem 1961 eingeführten Typ 3 gelang dem General kein Überflieger mehr. Doch Nordhoff blieb Porsches Konzept treu, glaubte fest an die Zukunftschancen des Heckmotors.

So war der nach den Werksferien 1967 erschienene Nachfolger mit der durchgehenden Frontscheibe aus dem gleichen Holz geschnitzt wie die erste Serie – nur ein Facelift, krittelten deswegen viele, doch der VW-Transporter behielt seine Qualitäten und blieb robust, wirtschaftlich und erfolgreich. Im Jahr drauf starb Nordhoff – sein Tod leitete langsam die Abkehr vom Heckmotor ein: 1974 begann der Golf, in die Fußstapfen des Käfers zu treten. Der luftgekühlte Boxer an der Hinterachse jedoch sorgte bis in den Herbst 1982 noch für den Antrieb des VW-Busses.

*Lichter, heller, weiter: Das neue Transporterwerk in Hannover besaß zudem die neueste Fertigungstechnologie.*

PS-VW 60

*Überblick: VW blieb variabel.*

## Tips für VW-Bus-Interessenten

Rost, Rost, Rost: Das VW-Problem auf einen Nenner. Vor dem Kauf sollte deshalb das Blechkleid besonders gründlich in Augenschein genommen werden. Die (sicherlich vorhandenen) Schweißstellen sollten fachgerecht ausgeführt worden sein. Anfällig für Gilb sind alle klassischen Orte: Radläufe, Schweller, Querträger und Wagenheberaufnahmen. Auch die Frontpartie im Bereich der Stoßstange lohnt die Untersuchung.

Die Bodenhöhe des VWs reicht zur Not, um die Inspektion auch ohne Grube oder Bühne vornehmen zu können.

Technisch gibt es weniger Probleme. Viele Teile sind noch erhältlich, häufig neu, fast immer gebraucht. Gewarnt werden muß aber auch beim populären VW vor unkompletten Fahrzeugen: Die Ersatzteil-Preise liegen mitunter jenseits jeder realistischen Betrachtung.

Besonders beliebt ist der Luxus-Bus mit Dachverglasung – inoffiziell „Samba“ genannt. Doch auch die Doppelkabine hat ihre Liebhaber, ebenso die Wohnmobile. Ganz normale Kastenwagen sind um einiges günstiger.

In nennenswerten Stückzahlen und zahlreichen Karosserievarianten sind die 60er-Jahre-Modelle auf dem Markt. Daß die Feuerwehr Bullis mit 20 000 km besitzt und günstig abgibt, ist inzwischen Geschichte. Die meisten angebotenen Transporter, Pritschen und Kombis blicken auf ein hartes Arbeitsleben zurück, haben sich bereits zigfach amortisiert (und sehen entsprechend aus).

Die Markenclubs helfen mit vielen Informationen, es gibt sogar Sammlerkreise nur für Sonderaufbauten – falls Ihr Traum ein Tiefkühl-Transporter mit Trokkeneis-Gebläse ist.

*Worldwide Business: Der VW-Bus war einfach überall zu finden.*

*Keine Grenzen: Der Bulli war weltweit der meistverkaufte Transporter seiner Klasse.*

*Ford baute den agilsten Transporter der Mittfünfziger; die Großstadt-Szene von 1955 signalisiert milde Dynamik.*

# Der fahrende Raum

## Fords schnelle Frachter: die FK- und Taunus-Transit-Typen

Bereits 1949 – ein Jahr nach dem Produktionsstart des Nachkriegs-Buckel-Taunus – wurden bei Ford in Köln erste Pläne geschmiedet, die einen Eintonner vorsahen, dessen Kastenrahmen mit der Karosserie zu einem selbsttragenden Aufbau verschweißt sein mußte. Weitere Vorgaben: geringes Eigengewicht – maximal eine Tonne –, vorneliegender Motor, Heckantrieb, Frontlenker-Bauweise und Ausbaufähigkeit zum Pritschen- und Kombiwagen, Bus und Transporter mit Sonderaufbauten.

Das Ergebnis in Form eines ersten, 1952 fertiggestellten Prototypen zeigte deutliche Ähnlichkeit zum VW-Transporter. Besonders die geteilte Frontscheibe und das pummelige Erscheinungsbild erinnerten an den Wolfsburger Konkurrenten. Daran nicht ganz unschuldig war der vorher zu Ford-Köln gewechselte Bulli-Konstrukteur Dr. Alfred Haesner. Kurioserweise sah der spätere Goliath Express diesem Ford-Prototypen – bis auf die Frontansicht – nicht unähnlich.

Die Grundlagen für den neuen Ford-Transporter waren mit Hilfe der französischen Ford-Tochter in Poissy erarbeitet worden, die mit der ebenfalls in Frankreich ansässigen Karosseriefirma (und Lastwagenschmiede) Chausson kooperierte; letztere war auch an den Vorbereitungen zum 1952 lancierten Weltkugel-Taunus beteiligt. Letzte Hand aber legte der Heilbronner Karossier Gustav Drauz an den Transporter aus Köln. Drauz hatte

*Ob der Boxer(-Hund) ein hämischer Gruß nach Wolfsburg war? Ford Taunus Transit 800 Kombi, Familienidyll von 1963 – der Kölner Transporter war schon keine taufrische Konstruktion mehr.*

*Freudloser Praktiker: Der FK-Prototyp von 1952, mit geteilter Scheibe, ohne Stoßstangen.*

*Frisch vom Band: einer der ersten FK 1000 von 1953, zu erkennen am verchromten FK-Emblem über dem Kühlergrill. Hätte es Anfang der 50er Jahre einen Concours d'Elegance für Transporter gegeben – vermutlich wäre der erste Preis nach Köln gegangen.*

bereits vor dem Zweiten Weltkrieg Ford-Kabrioletts und Fahrerhäuser für Ford-Liefer- und Kastenwagen hergestellt. Zusammen mit der noch sehr überschaubaren Kölner Design-Abteilung nahm die äußere Gestalt des bieder wirkenden Prototypen allmählich gefällige Züge an: Die grobschlächtige Front mit quadratischem, quergeripptem Grill und geteilter Scheibe wich einem modischen Gesicht, einer breiten Frontscheibe und dem filigranen Viereck-Grill mit dünnen, vertikalen Stäbchen und 24 Horizontal-Streben. Darüber saß ein rechteckiges Emblem, das stolz die Zahl 1000 – für Nutzlastkilogramm – verkündete und die Herkunft des Eintonners verriet: FK – für Ford Köln. Dabei lagen die beiden Buchstaben in zwei verschlungenen Ovalen, die von einem Flügelpaar gerahmt wurden.

Die sogenannte „Halskrause" – jene unschöne Verjüngung über der umlaufenden Gürtellinie – war durch einen schmalen, ebenfalls umlaufenden Wulst ersetzt worden. Die angedeuteten Blechfenster des Prototyps waren einer glatten Fläche gewichen. Zwei kleine seitliche Stoßstangen hinten sowie eine durchgehende vorne komplettieren den Maßanzug. Charakteristisch für den FK 1000 waren außerdem die quergerippten unteren Seitenkanten. Ausgerechnet jene „Wellblech"-Ecken sollten später zu den größten Achillesfersen des Autos gehören (siehe „Tips für FK-Interessenten").

Unterm Blech fanden sich Vorboten des ab 1955 im Ford-Pkw-Bau einsetzenden Baukastensystems: das aus dem 12 m her bekannte Kombi-Instrument und der 1,2-l-Reihen-Vierzylinder, ebenfalls aus dem Weltkugel-Taunus. Das kleine Kraftpaket wohnte anfangs vor der Vorderachse, was dem FK 1000 eine unangenehme Kopflastigkeit bescherte. Trotzdem lag er mit 38 PS unangefochten an der Spitze der neuen Transporter-Generation in Deutschland – zumindest was die Motorleistung betraf. Denn VW Bulli und Tempo

Matador – anfangs ebenfalls mit einem Käfer-Motor bestückt – brachten es nur auf 25 PS, der DKW-Schnellaster mußte sogar mit drei Einheiten weniger auskommen. Der 1952 von Tempo lancierte Matador 1000 schöpfte 26 PS aus seinem Ilo-Zweitakt-Motor, der stärkere 1400 zog seine Kraft aus einem Heinkel-Motor mit immerhin 34 PS. Das machte den Tempo – halbbeladen – immerhin 80 km/h schnell; der VW-Transporter konnte dagegen nur 75 km/h in die Waagschale werfen. Und der FK 1000? Der raste mit flotten und erstmal unerreichten 95 km/h der Konkurrenz auf und davon…

Mit diesen überzeugenden Werten ging es Mitte März 1953 nach Frankfurt, wo der FK 1000 auf der 36. Deutschen Automobilausstellung sein Debüt feierte und eine Lücke im Nutzfahrzeug-Programm von Ford schloß. Zusammen mit den Kombi- und Lieferwagenversionen des Taunus 12 m, den Drei- und Dreieinhalb-Tonnen-Lastwagen, dem neuen FK 4000 D sowie den Ford-NWF- und Ford-Drauz-Omnibussen präsentierte sich der FK 1000 als Kastenwagen, Pritsche und Kleinbus. Ende April stand er auf der großen Amsterdamer Lastwagenschau und warb um neue Kunden; unterdessen liefen die Vorbereitungen zur Endmontage des neuen Transporters in der B-Halle des Ford-Werkes in Köln-Niehl, in der die Lastwagen der Typen Rhein, Ruhr, FK 3500 D, FK 4000 V8 und FK 4000 D vom Band liefen.

Gespannt erwarteten Ingenieure und Arbeiter die ersten Schiffsladungen aus Heilbronn: FK-1000-Karosserien, die via Neckar und Rhein ihren Weg an den werkseigenen Kai in Köln-Niehl gefunden hatten und von riesigen Verlade-Kränen vorsichtig an Land gehievt wurden. In zwei Doppel- und einer langen Querreihe standen die bereits lackierten (oder mit einer Grundierung versehenen) und mit Fenstern und Türen bestückten Karosserien dichtgedrängt auf den Schiffsdecks – in der Regel bis zu 50 Stück.

Jetzt begann die Endmontage. Auf dem Fließband wurden die FK 1000 – je nach

***Zweifarbigkeit stand dem FK besonders gut, der Schriftzug am Bug verrät ein 58er Modell.***

***Bis zum Herbst 1954 saß der Motor ganz vorn, direkt hinterm Kühler. Die Kopflastigkeit des Ur-FK war bei Leerfahrten berüchtigt, Kenner empfahlen „Gegengewichte" im Heck.***

gewünschter Ausstattungsvariante – komplettiert: Achsen und Motor wurden angeflanscht, die Bordelektrik installiert, Sitze und Verkleidungen eingepaßt, Leitungen verlegt. Im November 1953 wurde es ernst – die Produktion lief in vollem Umfang an. Bis zum Jahresende wurden etwa 1000 Einheiten des FK 1000 produziert. Künftig würde man im Ford-Werk aber auch „die Wasserstandsmeldungen mit größtem Interesse verfolgen“, wie eine zeitgenössische Pressemeldung verriet.

Eine Neugier ganz anderer Art legten alte Ford-Kunden an den Tag, deren Taunus-Lieferwagen für das allmählich wachsende Geschäft zu klein wurden. Aber auch Markenfremde warfen ein Auge auf den flinken Kölner Transporter. Schließlich hinterließen IAA und Werbeprospekte ihren positiven Eindruck bei der anvisierten Käuferschicht, die alsbald bei Ford-Händlern vorstellig wurde, um sich von den Vorzügen des „vielseitigen Eintonners“ (Ford-Lob) zu überzeugen.

Da gab es zunächst den Kastenwagen (Ford-Kürzel: G 13 T) zu besichtigen, der mit seinem fünf Kubikmeter großen und ungeteilten Laderaum bestach – Ford sprach hier vom „Fahrenden Raum“, der „durch eine sehr breite Tür von hinten beladen wird: Das macht ihn für Rampenladung sehr geeignet“. Ford hob besonders auf das „günstige Verhältnis von Nutzlast zu Leergewicht“ ab, das im Prospekt publikumswirksam mit 1:1 angegeben wurde. Hervorgehoben wurde in der Einführungswerbung auch die „Linienführung“, die „klar und modern“ sei, denn „ein Nutzfahrzeug soll schön sein, soll für seinen Besitzer werben.“ Dazu boten sich die „glatten Außenflächen“ geradezu an, die „gute Möglichkeiten für eine werblich-repräsentative Gestaltung“ boten.

Dieser Ford-Vorschlag wurde von den meisten Kasten-Käufern in die Tat umgesetzt: Werksfotos zeigten kreativ gestaltete FK-Transporter mit phantasievollen Beschriftungen. Da tummelten sich rosa Schweine auf hellgrauem Blech, die drohende Aufschrift „Hausmacher-Dosenwurst“ im Nacken, da ließ die mehrfarbige Frischdienst-Reklame in Folienschneidetechnik den Betrachter eines weißen Kastenwagens frösteln, und ein bekannter Schmelzkäsehersteller ließ seine FK-Flotte mit alpinen Gebirgslandschaften verzieren. Ford lieferte die Eintonner zu diesen speziellen Zwecken grundiert aus, woraufhin Lackierbetriebe (vor Ort) nach den jeweiligen Wünschen die endgültige Lackierung auftrugen – inklusive der individuell gestalteten

*Heiliger Sankt Florian: Die 1,5-Liter-Version war lange Zeit der beste Kamerad deutscher Dorf-Feuerwehren. Kein Transporter-Kollege war agiler; damit stach Fords FK in der Gunst der Gerätewarte sogar seinen Wolfsburger Kollegen aus. Die meisten FK und TT im heutigen Angebot dienten in ihrer Jugend der Brandbekämpfung.*

*Fast treuherzig schaut der FK auf dem ersten Prospekt von 1953 seinen Betrachter an. Die Aquarellzeichnung stammt von Walter Gotschke, dem berühmten Plakatkünstler, der fast eine Dekade lang für die Ford-Werbeabteilung tätig war.*

*FK-Cockpit, blechern-karg im Stil der Zeit – Lenkradschaltung gehörte bis 1963 für alle Modelle dazu.*

**Abbildung rechts:**
*Zum 1955er Modelljahr zog der Motor in den hinteren Kabinen-Teil um – Vorteile: bessere Fahreigenschaften und mehr Platz im Cockpit.*

**Abbildung oben rechts:**
*Vorbild ohne Rahmen: Ford setzte auf die selbsttragende Karosserie und war damit nicht der beste Ansprechpartner, wenn's um ausgefallene Einzelstücke der Karossiers ging.*

Werbebotschaft. Sechs Farbtöne auf einem Wagen waren dann keine Seltenheit…

Für den kleinen Zubringerverkehr ideal geeignet war der Kombi (G 13 TK), der acht Personen – einschließlich Fahrer – auf „bequemen Polstersitzen" Platz bot. Mit einigen Handgriffen konnte das mit je drei seitlichen Fenstern ausgestattete Pendant zum Kastenwagen in einen „Großlieferwagen" verwandelt werden: Einfach die beiden Sitzbänke nebst Klappsitz herausnehmen! In der Folgezeit mutierte der Kombi – die Werbung sprach anfänglich noch vom „Kleinbus" – zum 8-Sitzer Spezial (G 13 TO) mit „festen Einbauten", quasi eine Großraumlimousine, die sich mit einer „reichhaltigen Chromausstattung" vom Proletariat der Nutzvehikel zu distanzieren versuchte. Auch innen drin ging's kommoder zu als im FK-Normalfall. Denn Seitenwände, Dachhimmel sowie Polsterbezüge waren farbig aufeinander abgestimmt; zusätzliche Extras ließen milden Luxus-Appeal keimen: Sonnenblenden für den Beifahrer, Holzleisten, besondere Verkleidungsbleche und -platten. „Beleuchtung, Aschenbecher und Garderobenhaken gehören auch zur serienmäßigen Ausstattung" – inklusive der sonst nur auf Wunsch lieferbaren „Klima-Anlage" von Behr.

Spartanischer ging es dagegen im Pritschenwagen (G 13 TP) zu, der ausstattungsmäßig dem Kastenwagen entsprach. „Seine Besonder-

*Blieben seltene Stücke: Ford FK in Pick-up-Version.*

## Aus 1 mach 3
# FK-EILFRACHTER Kombi
## mit dreifachem Nutzen

Was müssen Sie befördern – Güter, Personen oder beides zusammen? Für alle drei Zwecke wurden die FK-EILFRACHTER Kombi geschaffen. Dreifach verwendbar, dreifach auszunutzen . . . darin liegt ihre große Wirtschaftlichkeit. Noch mehr gehört dazu: die hohe Nutzlast! Doch bedenken Sie auch dies: der 5 cbm große Laderaum ist ungeteilt, die Ladefläche ist völlig eben mit bequemem Zugang: die Hecktür ist breit und hoch, der zweite Zugang durch die große Seitentür ist eine weitere Erleichterung. – Ein anderes Plus: die mehr als 100000 fach bewährten 38- und 55-PS-Motoren von Ford. Sie bieten enorme Beschleunigungskraft, große Bergfreudigkeit und hohe Dauergeschwindigkeit. Mit nur 11 m Wendekreis läßt sich der FK-EILFRACHTER Kombi auch im dichtesten Verkehr mühelos fahren und parken. Progressiv wirkende Hinterfedern schonen das Ladegut. Auch der Sicherheit dienen diese Annehmlichkeiten: weiche Polsterung, zugfreie Belüftung durch Ausstellscheiben im Heck, verstellbarer Fahrersitz, Lenkradschaltung, sperrsynchronisiertes 4-Gang-Getriebe, freie Sicht durch die ungeteilte Frontscheibe.

**NEUE PREISE: Kombi ab DM 6875.- ab Werk · Kastenwagen ab DM 6275.- ab Werk · Pritschenwagen ab DM 6025.- ab Werk**

**Mit wenigen Handgriffen verwandelt:**

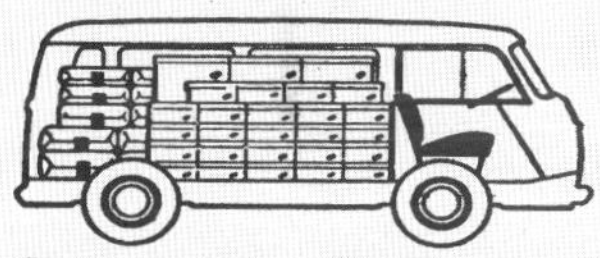

**Geräumiger Lieferwagen –**
mit 5 cbm Laderaum

**Vielseitiger 5-Sitzer –**
mit großer Ladefläche

**Bequemer 8-Sitzer –**
mit reichlichem Gepäckraum

**FK 1000 Kombi**
und neu
**FK 1250 Kombi**

*FK-Eilfrachter* **Kombi** von **FORD**

*Wohn-Sinn: Westfalia baute – seit 1962 – Hochdach-Camper auf Basis des TT 800. Schade drum: Der Camping-Bulli verkaufte sich besser.*

heit liegt in seiner hervorragenden Eignung für den Transport aller Lasten, die schnell aufgeladen und unverzüglich an ihren Bestimmungsort gebracht werden sollen." Die Stahlpritsche – 2,6 m lang und 1,6 m breit – bot reichlich Platz für sperrige Güter, die entweder über die beiden Seitenklappen oder die ebenfalls nach unten schwenkbare Rückwand geladen werden konnten. „Wird eine etwas höher liegende, völlig ebene Ladefläche gewünscht", so konnten mitgelieferte Bohlen eingeschoben werden. Auf Wunsch konnten Ford-Kunden eine Plane mit dazugehörigem Spriegel haben.

Schnell erschloß sich der FK 1000 neue Abnehmerkreise. Anfang 1954 meldete eine bekannte Tageszeitung: „Seit seinem Erscheinen hat sich der ... Eintonner rasch durchgesetzt. Er ist zeitweise sogar wegen der großen Nachfrage nicht sofort lieferbar." Bereits im März 1954 spendierten die Kölner dem nunmehr im Preis gesenkten FK 1000 ein auf Wunsch lieferbares, sperrsynchronisiertes Viergang-Getriebe, serienmäßig im Bus, ansonsten mehrpreispflichtig. Geschaltet wurde es – wie auch das Dreistufen-Pendant – per Lenkradhebel. Neu war jetzt auch eine seitliche linke Tür beim Kastenwagen, ebenfalls gegen Mehrpreis.

Eine weit einschneidendere Retusche stand zum 55er Modelljahr an: Der Motor wanderte vom Fußraum des Fahrerhauses, wo er „unmittelbar hinter der Kühlerfront" (Ford) saß, zwischen die beiden Sitze, „unter die bequem zu öffnende Motorhaube". Natürlich wurde der eigentliche Grund, die starke Kopflastigkeit bei leerem Wagen – Insider empfahlen den Transport von Wasserbehältern als Lastausgleich im Heck –, durch eine Reihe offensichtlicher Vorteile überspielt: „Mehr Beinfreiheit! Der Fahrer kann nach rechts aussteigen. Bessere Zugänglichkeit des Motors. Günstigere Führung der Heizungsluftkanäle." Und, ach ja: „Bessere Gewichtsverteilung."

Ein weiteres Novum verhalf dem FK 1000 zu noch mehr Kraft: der für den neuen 15m konstruierte 1,5-l-Reihen-Vierzylinder mit 55 PS. „Die Forderung nach einem günstigen Leistungsgewicht zielt nicht darauf ab, die Wirtschaftlichkeit des leichten Nutzfahrzeugs zu untergraben", rechtfertigte Ford in einer Pressemitteilung vom April 1955 diese Maßnahme und ergänzte: „Trotz dieser hohen Leistung (von 55 PS) sind die – die Wirtschaftlichkeit allein bestimmenden – Kosten des ‚Tonne-Kilometers' (beim FK 1000/1,5) nie höher errechnet worden als bei schwächeren Fahrzeugen." Auch im Hinblick auf die künftige Verkehrsentwicklung habe man sich bei Ford zu diesem Schritt entschlossen – die nur um 5 km/h heraufgesetzte Höchst- und Dauergeschwindigkeit sei Beweis und „eindrucksvolles Beispiel für ein planvolles Streben nach immer größerer Verkehrssicherheit und Verkehrstüchtigkeit, die von der Wirtschaftlichkeit und vielseitigen Anwendungsbereitschaft eines Nutzfahrzeuges nicht zu trennen" sei.

Ford Köln bot mit dem FK 1000/1,5 die höchste Motorleistung je Tonne Gesamtgewicht (26,5 PS/t) und setzte mit diesem Schritt Akzente in der Kategorie der Ein-Tonnen-Nutzfahrzeuge. Trotzdem mußten sich die Kölner anfänglich manche abfällige Bemerkung über ihren „Renn-Transporter" gefallen lassen. Ford wiederum reagierte gelassen, denn in der Folgezeit bewiesen sowohl Praxis als auch etliche Tests renommierter Fachzeitschriften die Richtigkeit des Konzeptes. Und die Feuerwehren freuen sich über einen schnellen Einsatzwagen – viele kleinere Wehren begannen ihre Nachkriegsmotorisierung daher nicht mit dem allgegenwärtigen VW Bus, sondern wählten den agilen FK. Manchmal standen die Kölner Kraftpakete ein Vierteljahrhundert oder länger im aktiven Dienst...

Die Rechnung ging also auf – für die Kunden und für Ford. Ob Feinkost- oder Tiefbauunternehmer, Limonaden-Abfüllbetrieb oder Lebensmittel-Kaufmann, Textilhaus und Modegeschäft, Apparatebau, Schokoladenfabrik, Parkettbodenfirma oder Metzgerei, Käsegroßhandel, Heißmangel, Bettenfabrik oder Blitzschutzinstallation – sie alle profitierten vom guten Preis/Leistungsverhältnis des FK 1000. Somit bewahrheitete sich, was Ford zum Start des FK 1000 in einer Werbung (von 1953) so formuliert hatte: „Für viele Branchen der Industrie, des Handels und Handwerks ist es notwendig, ein Fahrzeug zu besitzen, das eine mittlere Menge von Gütern zuverlässig und schnell transportiert. Die Grundforderungen an ein solches Fahrzeug, Wirtschaftlichkeit und Schnelligkeit, erfüllt der FK 1000."

Dazu gehörten auch der günstige Kraftstoffverbrauch, der bei 80 km/h um 9,4 l/100 km (9,7 l beim 1,2-l-Motor) lag, die akzeptablen Arbeitspreise für Instandsetzung und Wartung, die sich oft unter Pkw-Niveau bewegten, und letztlich auch der Anschaffungspreis: Knapp 7000 Mark kostete 1955 der Kastenwagen in seiner Grundausstattung, der Mehrpreis für den 1,5-l-Motor betrug etwa 200 Mark.

Auch unter dem großen Blechkeid hatte sich einiges gegenüber dem 54er FK-1000-

Jahrgang getan, was nicht sofort ins Auge fiel: verstärkte Hinterfedern und hintere Hebel-Stoßdämpfer mit Doppelwirkung sowie eine vergrößerte Bremsfläche; das jeweils um 50 kg erhöhte Gewicht beim FK 1000/1,5 ließ die Bodenfreiheit um 20 mm absinken. Kühler, Vorderachse, Gelenkwelle, Lenkungsteile und Kupplungsbetätigung hatten sich geringfügig geändert; die Scheibenwischer fuhren endlich in „Parkstellung". Die vorderen Türen verfügten jetzt über eine Griffmulde; das Front-Emblem wurde vereinfacht: FK ohne Flügel, 1,5 als Zusatz bei Einbau des 15m-Motors. Die genieteten Fünf-Loch-Felgen hatten sich für immer verabschiedet...

Bald darauf hatten sich die Ford-Ingenieure weitere Optimierungen einfallen lassen: Anfang 1958 wurden die veralteten, seitlich angebrachten Winker gegen Abdichtgummis ausgetauscht und in Pension geschickt: Moderne Blinker übernahmen jetzt die Aufgabe als Fahrtrichtungsanzeiger. Gleichzeitig wurde der $1^1/_4$-Tonner unter der Bezeichnung FK 1250 eingeführt. Der Begriff Eilfrachter etablierte sich in der Ford-Werbung. Neu war auch der Holzpritschenwagen, mit anderer Bodengruppe als der bereits seit 1953 produzierte Stahlpritschenwagen und 4,4 $m^2$ „völlig ebener Ladefläche" sowie „voll abklappbaren Bordwänden". Bei beiden Pritschen-Ausführungen lag der Tank nun in Längsrichtung hinten rechts statt hinten quer. Weitere Änderungen: breitere Ausleger für die Außenspiegel, modifizierte Bremsen und Auspuffanlage, kombinierte Schluß- und Blinkleuchten, wobei Brems- und Kennzeichenleuchte nun in einem langen rechteckigen Gehäuse zusammengefaßt waren. Moderne, rechteckige Innenleuchten lösten die veralteten, ovalen Deckenlampen ab, die Export-Version verfügte jetzt wahlweise über einen Meilentacho, und an den Windschutzscheiben war der kleine Schriftzug „Sekurit" zu erkennen.

Apropos Aussehen: Das Kühlerschutzgitter verdiente jetzt seinen Namen – die Streben verschwanden; das Frontemblem mußte ebenfalls weichen. Einzelbuchstaben und -ziffern schmückten nun den Bug: FK 1000 oder FK 1250. Frisch angepriesen wurde auch ein „nacktes Fahrgestell" mit Fahrerhaus auf Basis des Holzpritschenwagens. Damit kam Ford den gewachsenen Bedürfnissen der Kundschaft entgegen, die einen individuellen Aufbau benötigten. Besonders Feuerlösch-, Drehleiter-, Polizei- und Bestattungsfahrzeuge wurden so von renommierten Karossiers wie Pollmann, Migö oder Metz gebaut. Die Karosseriehersteller griffen aber auch gerne zum Kasten oder Kombi als Basis ihres Schaffens, so entstanden etwa aus dem „Grundtyp" Unfall-Aufnahmewagen für die Verkehrspolizei, Krankenwagen oder Getränkefahrzeuge.

Wieder aufgestockt wurde die FK-Eilfrachter-Palette in 1959: Auf Basis der Holzpritsche gab es jetzt einen „handmechanischen Hinterkipper zum schnellen und leichten Entladen" von Sand, Geröll oder Erde. Auch eine Doppelkabine – „Mehrzweckfahrzeug für Montagetrupps mit Material und Gerät" – mit tiefliegender Stahlpritsche ergänzte das nunmehr 16 Modelle umfassende Programm. Dazu kamen „viele Sonderausführungen nach Ihrem Wunsch", versprach vollmundig eine Ford-Werbung.

Ab November des gleichen Jahres ('59) baute Ford auch eine Rechtslenkung für Export-Versionen ein. Der sonst übliche Fußabblendschalter wurde bei dieser Ausführung durch einen Handschalter am Lenkrad ersetzt; gekuppelt wurde fürderhin hydraulisch. Bereits im Januar 1960 konnte auf Wunsch ein Hauptstromölfilter in der 1,5-l-Version des FK eingebaut werden; gleichzeitig gab das Kölner Werk verlängerte Ölwechselzeiten und Schmierdienstintervalle bekannt, wurde der Solex-Vergaser des 1,5-l-Motors mit neuen Düsen bestückt, und im Juni bekamen alle Eilfrachter ein vollsynchronisiertes Vier-Gang-Getriebe. Die 100 000ste FK 1000-Karosserie wurde im Herbst 1960 von Drauz nach Köln geliefert.

Die FK-1000- und 1250-Typen lagen an guter Position im Eintonner-Rennen. Daran änderte auch die Einstellung des Lkw-Baues

*Tanze Samba mit mir: Auf den Spuren des Edel-VW wandelte der Taunus Transit als Panoramabus mit sogenannter „Passat-Luke" im Dach. Zweifarbigkeit, Dachrandverglasung und wohnliches Interieur gehörten dazu – heute eine große Rarität.*

***Drei Richtige: Taunus Transit als Stahlpritsche, Kastenwagen und Basis-Chassis – 1963, schon gegen Ende der Kölner Karriere.***

bei Ford/Köln im Jahre 1961 nichts. Nur die FK-Bezeichnung störte, denn sie erinnerte an die zuletzt nicht erfolgreichen Ford-Lastwagen mit den glücklosen Zweitakt-Diesel-V-Motoren AD 4 und AD 6. Also wurde der Eilfrachter in Taunus Transit (TT) umbenannt. Bestimmt hatte der Namensfinder das Große Latinum: Transit wird vom lateinischen transire – hinübergehen, überschreiten, übertreffen – abgeleitet...

Die Ford-Pflaume zierte fortan den unteren Teil der rechten B-Säule, und vom Bug des Eilfrachters prangte das Kölner Wappen, garniert mit einem darüberliegenden, kleinen Taunus-Schriftzug; die Großbuchstaben TRANSIT fielen dagegen direkt ins Auge – natürlich auch am Heck...

Außer diesem zugkräftigen Namen blieb zunächst fast alles beim alten: 16 Modelle teilten sich nach wie vor die beiden 1,2-l- und 1,5-l-Motoren, wobei der 1250 ausschließlich mit dem 55-PS-Triebwerk ausgerüstet wurde; die 38-PS-Maschine blieb nur noch den 1000er Kombi- und Kastenwagen vorbehalten.

Im weiteren Verlauf des Jahres 1961 wurden zwei nützliche Änderungen eingeführt: Lenkradschloß sowie kombinierte Schiebe- und Ausstellfenster vorn.

„Ein Taunus Transit schafft es immer", versprach Ford und stockte im April '62 die Eilfrachter-Reihe um den Typ 800 auf (G1 BT). Diese auf rund 800 kg Nutzlast abgespeckte TT-Version verfügte über eine kleinere Reifen- und Felgengröße sowie – dank Baukastensystem – über das Hinterachsgehäuse des 1960 eingeführten 17m P3. Dadurch waren auch Kardanwelle und Bremstrommeln gegenüber dem 1000/1250 geändert worden.

„Eine Umrüstung ... (auf TT 1000) z.B. durch das Aufziehen größerer Reifen ist nicht statthaft", warnte eine Technische Mitteilung der Kölner Ford-Werke eindringlich. Denn das neue Sparmodell, das es nur noch mit dem 55-PS-Motor gab, war mit knapp 5900 Mark in der Grundausstattung erheblich billiger als ein 1000er TT gleicher Ausführung. Bevorzugt wurden mit dem TT 800 solche Kunden angesprochen, die zwar das gleiche Ladevolumen, nicht aber die höhere Nutzlast eines 1000er oder TT 1250 benötigten. Lieferbare Versionen: Kasten, Kombi, Bus, Stahl- oder Holzpritsche sowie Fahrgestell mit Fahrerhaus.

Neu im Team war der Luxus- oder Panoramabus (G1 BTO/L), der mit sechs zusätzlichen „Dachrandscheiben", vergrößerten und in den Heckbereich hineinreichenden Seitenscheiben sowie einer „Passat-Luke" aus Plexiglas ausgestattet war, die mittig auf dem Dach saß und – dreifach verstellbar – für zugfreie Entlüftung sorgte. Die Neun-Sitzer-Version wies drei Sitzbänke im Fahrgastraum auf.

Mit der Einführung des TT 800 fielen die Busversionen des 1000 bzw. 1250 weg und wurden in die 800er-Serie integriert (G1 BTO). Dagegen blieb das seit Jahresbeginn erhältliche Tiefchassis mit niedriger Ladehöhe weiterhin nur dem 1000 bzw. dem 1250 (G4- bzw. G7 BTH/T) vorbehalten; auch die Doppelkabine (G4- bzw. G7 BTP/D) war nicht für den TT 800 lieferbar.

Bevor die Ford-Werke zur IAA '63 mit dem 1,5-Tonner aufwarteten, schickten sie ab März des gleichen Jahres eine Transit-Karawane von Berlin (West) aus durch die Bundesrepublik. Die PR-Show wurde in „rund 80 Städten" und in „über 100 Sonderschauen" inszeniert. Dabei wurde auf zahlreiche Sonderaufbauten hingewiesen – auch ein Campingwagen war schon dabei. Westfalia-Kunden freuten sich auf die angekündigte Hubdach-Ausführung...

Neues auch im September in Frankfurt: Der neue Taunus Transit 1500 (Modell 671) mit

1,7-Liter-P3-Maschine und Knüppelschaltung war fortan Dreh- und Angelpunkt des Ford-Nutzfahrzeug-Programms. Der „Transit für schwere Brocken" imponierte mit erhöhter Nutzlast, Salisbury-Lkw-Hinterachse mit Zwillings-5-Loch-Scheibenrädern, verstärkter Vorderachse und modifizierter Bremsanlage. Lieferbar war das 60-PS-Gefährt zunächst in vier Varianten: Tiefchassis mit Fahrerhaus, Kofferwagen, Holz- und Tiefladepritsche.

Auch die übrigen Taunus Transit warteten mit einigen Änderungen auf, von denen die wichtigsten Mittelschaltung, verbesserte Sitzverstellung, Klauenschlösser und modifizierte Kennzeichenhalterung waren. Nützliches Zubehör wie die silbergraue, gesteppte Motorabdeckung, ein Blaupunkt-Radio oder ein Dachgepäckträger für Kombi und Bus erleichterten die Arbeit. Und die praktische Scheibenwaschanlage wurde schon seit geraumer Zeit ohne Aufpreis mitgeliefert…

Mit 25 Serienmodellen ging der erfolgreiche Taunus Transit in seine letzte Runde. Während der neue 20m P5 für Furore im Sechszylinder-Zirkel sorgte, rüstete Ford den TT auf Sonderwunsch mit einer Zweikreis-Bremsanlage nebst Bremsservo, 12-Volt-Anlage mit Drehstromlichtmaschine und sogar Drei-Punkt-Sicherheitsgurten vorn aus.

Seit Herbst 1964 war der Taunus Transit der letzte deutsche Ford mit Reihenmaschine – 12m, 17m und 20m wurden von V-Motoren angetrieben. Im Dezember 1965 lief der letzte Eintonner vom Band der Endmontage in Köln-Niehl; damit erwies sich die Modellreihe als beinahe so zählebig wie ihr größter Rivale. Rund eine Viertelmillion FK und TT haben dem Bulli seit Produktionsbeginn im Jahr 1953 ihre Stirn geboten.

## Tips für Ford-FK-Interessenten

Vor ein paar Jahren gab's noch billige Feuerwehr-Exemplare, gut gepflegt und keine 50 000 km gelaufen – aus, vorbei. Gute FK und Taunus-Transit sind selten geworden und leben meist in Liebhaberhand. Die Restaurierung jener Verbraucht-Möhrchen, die Kaufaspiranten im 2000-Mark-Bereich begegnen, lohnt dagegen meistens nicht. Es sei denn, es handelt sich um ein frühes oder gut ausgestattetes Exemplar, etwa einen Bus mit Dachrandverglasung.

Hauptproblem: Der FK war zeitlebens nicht eben rost-resistent. Und fast alle gammeln da, wo's teuer wird: im Bereich der geriffelten Abschlußbleche. Reparaturbleche sind schwer zu beschaffen und nicht billig; dubiose Bastellösungen waren schon in FKs Jugendjahren eher die Regel. Weitere Checkpunkte: die hinteren Kanten der Bodenpartie, die Bereiche um die B-Säule und die Gummi-Anschlagpuffer der hinteren Blattfedern. Hier nistet der Gilb gern in einem doppelwandigen Bereich des Bodenblechs.

Als robust stufen Ford-FK-Kenner die Mechanik der Kölner Frachter ein: Die Motoren und Getriebe stammen aus den zeitgenössischen Pkw-Modellen; Ersatzteilprobleme sind eher die Ausnahme. Eine ewige FK-Macke sind dagegen ausgenudelte Lenkgetriebe: Meist rafft's die Lenkspindel dahin, die Reparatur gilt als komplexer Job. Fast alle Kölner Transporter leiden unter dieser Krankheit, drei Zentimeter Lenkspiel gelten allerdings noch als normal. Andere Achillesfersen: undichte Hinterachsen, verschlissene Kugelgelenke der Spurstange, Ölundichtigkeiten am Kurbelwellendichtring, verbrauchte Nockenwellen-Stirnräder.

Die Preise: Ein ziviler Bus sollte mit maximal 9000 Mark in sehr gutem Zustand üppig genug bezahlt sein; Feuerwehrmodelle dürften eigentlich nicht über 7000 Mark liegen – sie begegnen einem heute am häufigsten. Meist war aber schon kein pingeliger Gerätewart mehr für die Pflege zuständig, sondern ein zweiter oder dritter Privat-Besitzer. Mittelprächtige Kasten-Exemplare gibt's um die 3000 Mark, Schlachtexemplare sollten für einen Tausender den Besitzer wechseln. Top-Exemplare sind so gut wie nicht im Angebot. Vielleicht hilft eine Anfrage beim nächsten Ford-Club, z. B. der Ford-Geschichtswerkstatt, Am Fahrwald 16, 66687 Wadern.

***Schöne neue Welt: 1966 erschien der Transit der zweiten Generation – und heizte dem vollreifen VW Bus mit seiner repräsentativen Form kräftig ein. Leider erwiesen sich die Ford-Transporter jener Ära als eher nonchalant verarbeitet.***

*Zweitakt-Eleganz: Den Schnell-Laster gab es auch im Kleinbus-Outfit.*

# Im Takt der Zeit

## DKW-Schnell-Laster: der Untergang des Zweitakters

Er darf sich nicht beklagen: Seine Chance hat er gehabt, der Zweitakter. Lange Zeit war ohne ihn keine Diskussion zur Massenmotorisierung zu führen. Sogar Ferdinand Porsche hatte den ventillosen Motor ursprünglich favorisiert, bekam ihn jedoch für seinen Volkswagen nicht vollgasfest. Er entschied sich schließlich für den Viertakt-Boxer.

DKW hieß die Marke, die begonnen hatte, mit dem Zweitakter Geschichte zu schreiben. Jørgen Skäfte Rasmussen, ein Däne, hatte 1907 die „Zschopauer Maschinenfabrik" gegründet. Der erste DKW kam 1917 als Dampfkraftwagen auf den Markt (und blieb erfolglos), wenig später kursierte **D**es **K**naben **W**unsch, ein Spielzeugmotor. In Form eines Fahrrad-Hilfsmotors folgte nach dem ersten Weltkrieg **D**as **K**leine **W**under. Doch den Durchbruch schaffte Rasmussen erst gegen Ende der zwanziger Jahre mit dem Zweitakter: DKW war zur größten Motorradfabrik der Welt geworden. Ab 1928 hatten die Zschopauer auch mit leichten, preiswerten Personenwagen Erfolg, die ebenfalls von einem Zweitakter angetrieben wurden. Drei Jahre später besaßen sie als erste Serienautomobile einen Frontantrieb – die Kombination aus beidem machte DKW populär.

In wirtschaftlicher Not hatte sich DKW 1932 mit Horch und Audi vereinigt, wenig später wurden die Wanderer-Werke dazugekauft: Mit der Auto Union war der zweitgrößte Automobilhersteller des deutschen Reichs entstanden. Als Symbol der Unzertrennlichkeit fungierten die vier ineinanderverschlungenen Ringe, der olympische Gedanke hatte dabei Pate gestanden.

Zeitsprung: Deutschland 1945. Die Russen hielten den Osten besetzt, sämtliche Produktionsstätten der Auto Union wurden verstaatlicht. Noch im selben Jahr trafen sich in Ingolstadt führende Auto-Union-Mitarbeiter. Zehntausende DKW, so schätzten sie, müßten auf den Straßen der drei westlichen Besatzungszonen noch unterwegs sein und bedurften dringend der Versorgung mit Teilen. Eine Chance? Sie gründeten das Zentraldepot für Auto-Union-Ersatzteile.

Das Engagement war, wie die DKW-Nachrichten 1950 rückblickend schrieben, allerdings „in erster Linie (...) eine ideelle Betreuung, denn an Ware fehlte es (...) ebenso wie der gesamten deutschen Industrie". Doch es war der Startschuß, Teile wurden aufgekauft und Neufertigungen initiiert. Auf dieser Basis konnte schon 1948 die neue Auto Union GmbH im Westen entstehen.

Von Anfang an war das erklärte Ziel gewesen, die Automobilfertigung wieder aufzunehmen. Dazu bot sich das bayerische Ingolstadt an, in leeren Kasernen der ehemaligen Wehrmacht fand die auferstandene Auto Union eine neue Heimat. Unter den vier ehemaligen Marken besaß DKW das beste Profil für die Bedürfnisse der Zeit: Einfache, unkomplizierte Autos zu erschwinglichen Preisen. Das hatte auch die Kundschaft nicht vergessen; Audi

***Dem Original schon nahe: Das erste Karosseriemodell des Schnell-Lasters.***

*Harte Arbeit: Der Prototyp basierte noch auf dem Pkw-Fahrgestell.*

und Wanderer dagegen hatten in der Vergangenheit die gehobene Mittelklasse bedient, Horch war noch eine Stufe exklusiver gewesen – doch für Pretiosen gab es keinen Markt in jenen Jahren.

Transporter schienen im maroden Nachkriegsdeutschland am dringendsten benötigt zu werden. Unter primitivsten Umständen begannen die Ingenieure unter der Leitung von Kurt Schwenk mit der Neukonstruktion. Die ersten Prototypen entstanden auf dem Fahrgestell eines Vorkriegs-Pkw F8. Aus einzelnen Blechstücken wurden die Karosserien zusammengesetzt – Geräte zur Blechbearbeitung fehlten weitgehend. Mit knappem Budget wurden alte Werkzeugmaschinen gekauft und überholt. So konnten die ersten Motoren gefertigt werden; auch der Prüfstand, auf dem sie getestet wurden, war selbstgebaut. „Nach oben hungern" mußte sich die Auto Union, schrieb Jahre später Richard Bruhn in einem Brief.

*Mehr als tausend Worte: Ein Schnell-Laster auf Werbetour.*

1949, Jahr eins der neugegründeten Auto Union: „DKW ist wieder da!", titelte ein Kino-Werbefilm aus dieser Zeit. Auf der Technischen Exportmesse in Hannover stand im Mai der neuentwickelte DKW F 89 L – das erste Auto aus Ingolstadt! Mit Zweitakt-Motor und Frontantrieb blieb der Transporter ganz in der Tradition der Vorkriegs-Pkw. Seinen Serienstart erlebte der „Schnell-Laster von bestechender Eleganz" (DKW) im August, ohne viel Konkurrenz in den ersten Tagen seiner Karriere fürchten zu müssen: VWs Transporter war noch nicht fertig, und außer Tempo und Gutbrod gab es auf dem Markt kaum nennenswerte Alternativen.

Der neue Kastenwagen bot stolze 4,2 $m^3$ Luftraum für Waren aller Art. Eine dreiviertel Tonne durfte der Bayern-Express schleppen, 20 PS stellte dazu der altbekannte Zweizylinder-Zweitakter aus 688 ccm zur Verfügung. Er war quer vor der Vorderachse eingebaut, zusammengeblockt mit Getriebe, Kupplung und Differential. Hinter der Vorderachse, laut Prospekt im „bestgefederten Teil des Fahrzeuges", saß der Fahrer und sortierte über einen langen Schalthebel die drei unsynchronisierten Gänge. Zum Leben erweckt wurde der Motor mit einer Dynastart-Anlage, einer Kombination aus Anlasser, Lichtmaschine und Verteiler. Vollbeladen verlangte der F 89 L ungefähr neun Liter auf 100 Kilometer, für die er aber knappe zwei Stunden brauchte: 1,8 Tonnen zulässiges Gesamtgewicht forderten ihren Tribut. Leerfahrten absolvierte der DKW mit bis zu 75 km/h, die adäquate Verzögerung übernahm eine „Ate-4-Rad-Hydraulik-Duplex-Innenbackenbremse".

Des kleinen Motors Stärken lagen woanders: „Spart mehr als er kostet", dichteten die Werbetexter, und verwiesen auf die „sprichwörtliche DKW-Wirtschaftlichkeit". Unrecht hatten sie damit nicht, denn der simple Aufbau sparte Wartungskosten. Ganze fünf bewegte Teile besaß der gut zugängliche Flachkolben-Motor mit Umkehrspülung: Je zwei Kolben und Pleuel sowie eine Kurbelwelle. Systembedingt mußte der Fahrer natürlich in Kauf nehmen, bei jedem Tanken Öl im Verhältnis 1:25 beizumischen. Die Schmierstellen im Motor würden auf diese Weise in jeder Situation mit frischem Öl versorgt, versprach der DKW-Prospekt 1953: „Selbst wenn Fahrer ohne Gefühl von der noch kalten Maschine Höchstleistung fordern oder den Motor über lange Strecken jagen, so kann das einem DKW nichts anhaben."

Die einfache Grundkonstruktion des Schnell-Lasters war zeitgemäß: Das flache Fahrgestell bestand aus Kastenlängsträgern mit drei Quertraversen und trug ganz vorne den kompakten Antriebsblock – inklusive 30-Liter-Tank und Wasserkühler. Das war nicht nur problemlos zu bauen, sondern auch robust und überaus praktisch, weil der Radstand,

**DKW-Schnellaster 3/4 to**

**Die Konstruktion des DKW-Schnell-Lasters erfüllt alle Forderungen, die an einen modernen Lieferwagen gestellt werden müssen. Das veranschaulichen die technischen Darstellungen auf diesen Seiten. Die wesentlichsten Vorteile, die der DKW-Schnell-Laster bietet, ergeben sich aber aus dem Frontantrieb sowie aus der Vorverlagerung des Motors vor die Vorderachse, und zwar:**

1. **Außergewöhnlich großer Laderaum und geräumiges Führerhaus.**
2. **Tiefgelagertes Chassis (infolge Wegfall des Kardantunnels) und damit tiefe Schwerpunktlage sowie bequeme Beladungsmöglichkeit.**
3. **Zugang zum Laderaum durch eine breite Hecktüre (außer dem selbstverständlichen Zugang von vorne).**
4. **Hoher Laderaum, so daß man aufrecht gehend die Ware im Kasten verteilen kann.**
5. **Außergewöhnlich gute Straßenlage und Kurvensicherheit.**
6. **Gleichmäßige Verteilung der Last auf beide Achsen.**

**Keine andere Konstruktion vereint all diese Vorzüge, die dem DKW-Schnell-Laster eigen sind.**

*Lauter gute Gründe: nüchterne DKW-Werbung von 1950.*

unabhängig von technischen Hindernissen, ganz nach Belieben geändert werden konnte. So lieferte DKW zunächst normale (2,5 Meter Radstand), später auch lange Fahrgestelle mit 3 und 3,50 Meter Radstand. Je nach Wunsch konnten sie mit und ohne Fahrerhaus geordert werden, hier war zudem die Wahl zwischen offenem Kasten- und geschlossenem Pritschen-Fahrerhaus möglich. Darauf schraubten die Karosseriebaubetriebe ihre Aufbauten – für Möbelspediteure, Beerdigungsinstitute oder als Viehtransporter, den die Auto Union unter der griffigen Bezeichnung „Metzgerwagen" selbst ins Programm genommen hatte: Die hintere Bordwand war „zum Einstieg der Tiere abklappbar, besonders günstig wegen der niedrigen Höhe der Ladefläche von nur 32 cm über der Fahrbahn". Mitunter aber nahm der Mut der unabhängigen Karossiers beängstigende Formen an – *DKW-Praxis* formulierte 1955 die Sorgen des Werks am Beispiel eines Möbelwagens, bei dem man versucht habe, „dem DKW-$^3/_4$-Tonner-Schnelllastwagen einen Sonderaufbau zu verpassen, der einem $1^1/_2$-bis-2-Tonnen-Fahrgestell alle Ehre machen würde". Diese Vielfalt hatte der Schnell-Lieferwagen der inzwischen rasch aufkommenden Konkurrenz voraus – besonders der VW-Transporter mußte bei diesem Maß an Variabilität passen.

Zudem hatte der Schnell-Laster eine um Klassen bessere Straßenlage als der hecklastige VW, behaupteten Zweitakt-Verfechter in jenen Tagen. Der DKW umzirkelte auf seiner 5.50-16er Bereifung die Kurven sauber und ohne große Seitenneigung. Vier Teleskopstoßdämpfer sorgten für beständigen Kontakt zum Untergrund – ein Prospekt übte Eigenlob: „Der DKW-Schnell-Laster ist unerreicht fahrsicher". Aber auch das Fachblatt jener Tage, *Last-Auto und Omnibus*, stellte 1953 fest, daß der DKW „in seinen Fahreigenschaften etwa das darstellt, was von einem sehr guten Fahrzeug dieser Klasse zu erwarten ist." Die vier Räder waren einzeln aufgehängt, hinten an Längslenkern, die am letzten Querträger angelenkt waren. Der enthielt auch die Torsionsfederung der Hinterachse – insgesamt eine flachbauende Konstruktion, die eine tiefe und durchgehende Ladefläche zuließ. So konnte der Kastenwagen Güter bis zu 1,58 m Höhe transportieren; Auto Union versprach sogar, daß „man aufrecht gehend die Ware verstauen kann" – das entscheide jeder selbst. Vorne hielten Dreieckslenker und eine obenliegende, halbelliptische Querblattfeder die Räder in der Spur, ein Relikt der Vorkriegs-DKWs.

Breite, hinten angeschlagene Türen ermöglichten Zugang zu einer kargen Transporter-Welt: Eine dünn gepolsterte, nicht verstellbare Kunstlederbank bot dem Fahrer Platz, der überraschend weit in der Mitte saß. Unter ihm hatten Ersatzrad und Batterie ihre Heimat gefunden. Über die Geschwindigkeit informierte ein sachliches Zentralinstrument, an Ablagefächern herrschte Mangel. Ein Dreiwegehahn ersetzte die Notwendigkeit einer Benzinuhr, ein einsamer Scheibenwischer kämpfte tapfer gegen den Regen. Und laut war der kleine Laster: Die Ingolstadter hatten ihm keine geräuschdämmende Schicht gegönnt, das Blech konnte ungehindert dröhnen und auch der (ständig um adäquate Leistungsabgabe bemühte) Zweitakter war akustisch stets präsent.

Auf praktische Lösungen legten die DKW-Ingenieure größeren Wert: Sie planten die

*Machen wir alles: Ein Kofferwagen mit Stabholzwänden.*

Kastenversion als preiswerten und platzsparenden „Durchgangswagen“, was bedeutete, daß der Laderaum durch die rechte Tür erreicht werden konnte. Dazu war der Beifahrersitz seitlich wegklappbar, was zudem den bequemen Transport von knapp drei Meter langem Ladegut ermöglichte.

Gegen geringen Aufpreis (1956: zehn Mark) gab es aber auch eine durchgehende Sitzbank und eine halbhohe oder ganz geschlossene Fahrerhausrückwand. Seitliche Türen im Laderaum waren als Extra lieferbar. Den besten Zugang bot die große serienmäßige Tür im Heck.

Hier war DKW der aufkommenden Wolfsburger Konkurrenz deutlich voraus: VW bot bei Produktionsstart weder hinteres Fenster noch Klappe. Und farbenfroher waren die Bayern auch – lieferte VW die Transporter anfangs nur grundiert oder in blau, konnte der DKW-Kunde wählen: Für den Kaufpreis von 6535 Mark standen zusätzlich grau und chromorange (später ersetzt durch fischsilbergrün) zur Disposition – „Sonderwünsche in Farben werden bei Einsendung von Farbproben gegen billigst zu berechnenden Aufpreis berücksichtigt“, versprach das Werk.

Viel früher als VW bot Auto Union einen Pritschenwagen an. Zwei Versionen standen zur Wahl: Beim Tieflader mit niedrigem Wagenboden kamen die Vorteile des DKW-Antriebskonzepts besonders gut zur Geltung, zwei Radkästen schränkten allerdings die nutzbare Breite etwas ein. Die Rechnung wurde auf 5795 Mark ausgestellt – die preis-

***Klarer Seitenhieb: Das können wir besser als die Wolfsburger!***

***Gestylt: Professionelle Werbung in den 50ern.***

**Abbildung folgende Seite:** ***Mit Volldampf: DKW bricht auf ins Wirtschaftswunderland.***

***Phantasialand: „Fahrgestelle mit Führerkabine“ boten die perfekte Basis für ausgefallene Aufbauten.***

AUTO UNION
Die
DKW
KOLONNE
kommt

*Erschwerniszulage: Der Platzmangel auf dem Ingolstädter Werksgelände führte mitunter zu kuriosen Zuständen.*

**Abbildung rechts:**
*Am laufenden Band: Auch das Einmessen der Vorderachse war reine Handarbeit.*

*Auf vollen Touren: Schon im Februar 1950 verließ der 1000. Schnell-Laster die Werkshallen.*

werteste Möglichkeit, einen Schnell-Laster zu fahren. Plane und Spriegel lieferte der Händler gegen einen Mehrpreis von 285 Mark.

Alternativ gab es gegen 85 Mark Zuzahlung eine Pritschen-Ausführung mit „doppeltem Boden"; die Ladeebene bildete ein Brett, das über den Radkästen lag und somit durchweg eine Breite von 1,5 Meter aufweisen konnte. Die Seitenwände waren abklappbar, von hinten konnte eine Tür geöffnet werden. Wertvolles und Kleinmaterial konnte unter der Ladefläche einen sicheren Platz finden. Später bot DKW auch eine „Großraumpritsche" an: Der Radstand war von 2,5 auf 3,0 Meter verlängert worden, ihre ebene Ladefläche betrug zunächst 2,60 × 1,75 Meter und war auf Rampenhöhe abgestimmt.

DKW lieferte auch eine Kombiversion des DKW-Schnellasters. Hinter dem Führerhaus befand sich auf beiden Seiten je ein großes Seitenfenster, zwei Klappbänke konnten schnell mit Flügelschrauben befestigt werden: „Werktags für den Transport – sonntags für die Familie", schlug DKW vor. Eingestiegen wurde vorne rechts, die Passagiere gingen innen nach hinten durch. „Schnell und wendig wie ein Personenwagen" beförderte der DKW dann bis zu sechs Personen plus Fahrer, schrieb die Auto-Union-Zentrale 1949 an ihre Händler. Und ergänzte den Preis: 6975 Mark waren nach Ingolstadt zu überweisen.

Wer auf den Gütertransport ganz verzichten konnte, wählte den rundum verglasten „Allsicht-Bus". Die dreitürige Version mußte, wie der Kombi, durch die Beifahrertür bestiegen werden, der 7675 Mark teure Viertürer hatte eine große Öffnung an der Seite: Seine drei festen Sitzbänke boten insgesamt acht Personen Platz. Ihr Gepäck kam im Abteil hinter der letzten Sitzbank unter, einfach zu beladen durch die rückwärtige Tür, die allerdings kleiner war als im Kombi. Gegen Aufpreis war auch die große Öffnung lieferbar. „Überdurchschnittlich gut ausgestattet", befand das Fachblatt *Last-Auto und Omnibus* 1954 – ein Hauch von Luxus umwehte die Passagiere: Die Seitenwände waren mit Kunstleder bezogen, „4 Rahmennetze" (O-Ton) an den Sitzlehnen nahmen Utensilien auf, zwei Aschenbecher und Kleiderhaken ergänzten den Komfort, der später noch um einen Linoleum-Bodenbelag und Fußstützen erweitert wurde. Sogar an ein Kurbelfenster in der Seitentür hatten die Auto-Union-Ingenieure gedacht. Aufpreis verlangte DKW bis 1951 für ein großes Schiebedach, das verlängerte Golde-Faltdach konnte gegen Zuzahlung ebenso geordert werden wie eine „Radioanlage mit zwei klangvollen Lautsprechern" oder eine Zusatzheizung. Eleganz auch in Äußerlichkeiten: Elfenbeinfarben war der obere Teil der Karosserie, unten konnte der Kunde zwischen blau und weinrot wähen.

Der neue DKW fand schnell Freunde, die Lieferfristen bewiesen das. DKW belegte hinter VW den zweiten Platz der Zulassungsstatistik. Motoren und Rahmen fertigte die Auto Union in Ingolstadt, die Karosserien dagegen, „wenigstens die Kasten und die für den neuen Klein-Omnibus, lieferte entgegenkommenderweise Herr Drauz von den Heilbronner Karosseriewerken", schrieben die DKW-Nachrichten im Frühjahr 1950. Die Situation war vom Pioniergeist der Zeit geprägt, wie das DKW-Blatt zeigt: „Was hier an Arbeit und Organisationsvorbereitung geleistet wurde, kann nur der ermessen, der einmal die über weite Strekken auseinandergezogenen, in viele Hallen verteilten Werke gesehen hat und sah, unter welchen Schwierigkeiten, z. B. in kellergewölbeähnlichen Erdgeschossen, jetzt die zahlreichen neuen Werkzeugmaschinen, die Veredlungsanlagen etc. aufgebaut sind".

Der Schlüssel zum Markt war die Vielfalt der Aufbauten, doch die variationsreichen

*Wirb oder stirb: Das „Kaffeehaus auf Rädern" servierte Mocca double.*

*Makabre Eleganz: Karosseriebauer Frickinger machte sich sonst mit Leichenwagen einen Namen.*

*Und er bewegt sich doch: Wuchtiger Westfalia-Sonderaufbau auf Schnell-Laster-Fahrgestell.*

*Das rollende Schaufenster: Ein Kaufhaus auf Rädern.*

*Reisespaß: Die große Luke im Dach lieferte DKW serienmäßig.*

*Stabil und variabel: Das „Rückgrat aus Stahl" ließ den Karosesseriebauern freie Hand.*

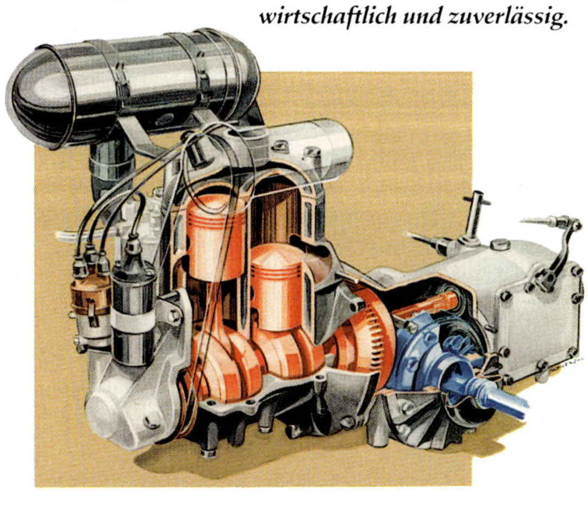

*Einfache Sache: Der Zweitakter war robust, wirtschaftlich und zuverlässig.*

*Platz da: Bis zu 5 m³ Raum bot der Schnellaster seinem Besitzer.*

*Arbeitsplatz: Luxus erwartete niemand, aber über einen verstellbaren Sitz hätten sich die Fahrer gefreut.*

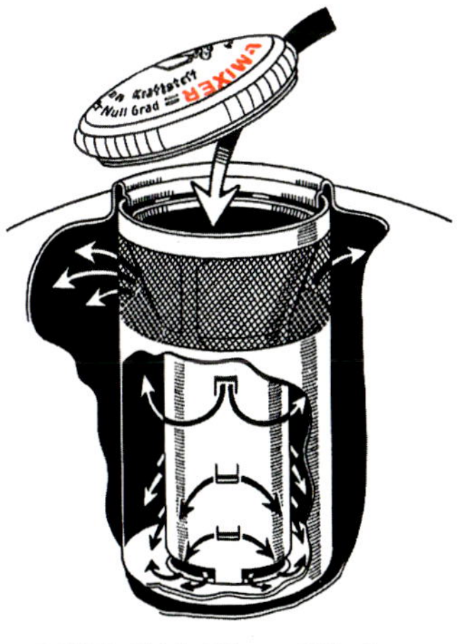

*DKW-Shell-Mixer: Mischte automatisch, wenn zuerst Öl, dann Benzin im Verhältnis 1 : 25 eingefüllt wurde.*

*Die vielfältige Verwendbarkeit des DKW-Schnellasters dokumentierte der abgebildete Achtsitzer.*

*Für Großkunden gab es so manches Zugeständnis.*

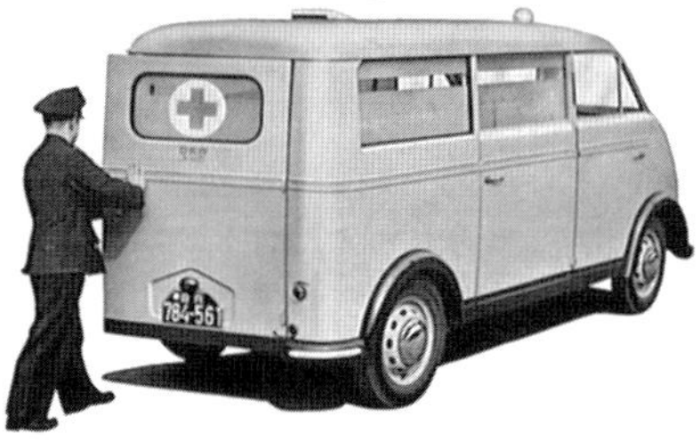

Karosserien kosteten die Auto Union in der Herstellung viel Geld. Unbedingt dazu gehörte der Verkaufswagen (auch VW bot ähnliches an), der für ausreichende Versorgung ländlicher Gebiete sorgte und Einzelhändlern eine neue Käuferschicht eröffnete. Das verlängerte DKW-Fahrgestell mit Fahrerkabine war für eine solche Aufgabe geradezu prädestiniert – mit Durchgang nach hinten und Stehhöhe, weil auf den Rahmen einfach ein entsprechend hoher Kasten gesetzt werden konnte. Oberlichter sorgten für angenehme Atmosphäre, die weitausladende seitliche Klappe für Wetterschutz. Westfalia war einer der Hersteller der Sonderaufbauten – aus Rheda-Wiedenbrücker Fertigung kam unter anderem auch ein mondänes Wohnmobil auf DKW-Fahrgestell.

Mehr Ideen gefällig? „Als erste Tageszeitung des Bundesgebiets", berichten die DKW-Nachrichten 1951, „hat die Nordwestzeitung in Oldenburg einen neuartigen ‚Reporterwagen' in Dienst gestellt". Mit Dunkelkammer (!) und einem klappbaren Schreibtisch, der – so Chefreporter Claus Werner Caro – sogar „ein Maschineschreiben während der Fahrt auf denkbar schlechten Straßen" zuließ, der „hervorragenden Federung des Wagens" sei Dank.

Im Mai 1952 erfuhr der F 89 L eine erste Modellpflege, die umfangreicher war, als das sanfte Facelift vermuten läßt. Eine leicht gewölbte Motorhaube mit einer breiten Mittelsicke nahm der Front etwas von der asketischen Strenge des ersten Entwurfs, ebenso die neuerdings ausgestellten Radläufe. Sie waren notwendige Folge der verbreiterten Spur, die allen geschlossenen Versionen zugute kam. Sie sorgte zusammen mit dem auf 2,75 Meter verlängerten Radstand für eine noch bessere Straßenlage.

Der Innenraum profitierte davon, 4,7 m³ Transportraum standen jetzt zur Verfügung. Darüber freuten sich auch die Passagiere: Zwischen den Sitzbänken war mehr Platz. Fortan gab es den Kleinbus nur noch mit einer großen seitlichen Tür, und die Rundumverglasung war noch großzügiger. Zehn Prozent mehr Leistung (immerhin ein Plus von zwei PS) machten den Schnell-Laster etwas flotter, wobei auch das neue Vierganggetriebe mithalf, das freilich noch nicht synchronisiert war. Dank der besseren Übersetzung fielen die Durchschnittsgeschwindigkeiten jetzt höher aus.

Im gleichen Jahr experimentierten die Ingolstadter auch mit ganz neuen Formen: Der F 855 L war entstanden, ein Prototyp mit zeitgemäßerer Kurzhauber-Schnauze. Die neue Üppigkeit im Wirtschaftswunderland... Sie hätte dem neuen Schnell-Laster sogar eine seitliche Schiebetür beschert, ein Feature, das selbst der Konkurrent VW noch nicht bieten konnte. Zur Produktion des designierten Nachfolgers sollte es jedoch nie kommen. Zweieinhalb Millionen, so hatten die Ingolstadter Kaufleute schließlich errechnet, hätte die Umstellung gekostet. Das Risiko schien bei Verkaufszahlen von knapp 7000 Stück pro Jahr zu groß, die Konzernführung gab deswegen nur eine Weiterentwicklung des aktuellen Typs in Auftrag.

Ein Teufelskreis? Die Verkaufsbilanz knickte ein, denn die Kunden waren anspruchsvoller geworden. 1954 konnten nur noch gut 4000 Schnell-Laster an den Mann gebracht werden. Doch die knappen Finanzreserven ließen nur eine Politik der kleinen Schritte zu. Im Sommer löste der F 800/30 – kurz DKW/30 genannt – seinen Vorgänger ab. Rein äußerlich war er der alte geblieben, es gab nur zarte Retuschen: Die Neuheit wirkte nicht als solche. Unter dem Blech hatte sich allerdings einiges getan, ein neu entwickeltes Triebwerk war jetzt längs vor der Vorderachse eingebaut. An grundlegenden Werten – zwei Zylinder, die im Zweitaktrhythmus arbeiteten – hatte sich nichts geändert. Aber 792 ccm sorgten jetzt für die Freisetzung von, so DKW, „büffelstarken" 30 PS, die für 85 km/h Spitze reichten. Das Mehr an Kraft sorgte nicht nur für erleichterte Beschleunigung, sondern auch für eine Erhöhung der Nutzlast: 800 kg durften ab sofort legal im Laderaum verstaut werden. DKW stellte die neuen Möglichkeiten in einem Prospekt buchhalterisch exakt dar: Je nach Bedarf konnten „44 Kart. × 12 Flaschen = 528 Flaschen" Weinbrand oder aber „1211 Paar Damenschuhe" verladen werden. Beim Transport der Last half das überarbeitete Fahrwerk unterstützend. „Tausende von Kilometern quer durch die Alpen" wurde der Schnell-Laster gejagt, war im '54er Prospekt zu lesen, der dem Typ 30 deswegen auch das Prädikat „alpenerprobt" verlieh.

Gute neun Liter Gemisch genehmigte sich der neue Motor im Alltag aus einem auf 40 Liter vergrößerten Spritbehälter. Unerwarteter Komfort überraschte die Zweitakt-Freunde an der Tankstelle: Der DKW-Shell-Mixer war da. Diese Vorrichtung sorgte für ein automatisches Mischen von Öl und Benzin – der mühselige Einsatz der Mischkanne gehörte der Vergangenheit an. Überall bemühte sich DKW um Verbesserungen: Der zunehmend kritisierte Scheibenwischer deckte jetzt ein größeres Feld ab, die Verzögerung übernahmen leistungsfähigere Bremsen. Ausgedient hatten die Dynastart-Anlagen, sie wurden durch übliche Lichtmaschinen und

*Klare Sache:*
*Der Arbeitsplatz des Fahrers im spröden Nachkriegs-Design.*

Anlasser ersetzt, das neue Getriebe besaß jetzt, mit Ausnahme des ersten Gangs, eine Sperrsynchronisierung, es wurde per Lenkradschaltung bedient – ganz im Stil der neuen Zeit.

Doch richtige Zufriedenheit wollte nicht aufkommen, die interne Kritik bei der Auto Union nahm zu. Immer stärker wurde die Konkurrenz in Form von VW und Ford, und besonders die Händler fürchteten, mit dem Zweizylinder nicht mehr genügend Verkaufsargumente zu haben. Das war um so ärgerlicher, weil ein frisch konstruierter Dreizylinder in der neuen Sonderklasse Dienst tat! Doch die Chemie zwischen dem Ingolstadter Werk und der in Düsseldorf angesiedelten Pkw-Fertigung stimmte nicht immer. Die am Rhein sitzende „Verkaufsleitung Schnellaster" beschwerte sich zunehmend bei der bayerischen Zentrale: „Neben der inzwischen – Gottseidank! – eingetretenen Leistungsverbesserung ist die seit gleich langer Zeit erhobene Forderung einer Formverbesserung, die ja letzten Endes vom Markt diktiert wird, vergeblich verhallt", schrieb man im Herbst 1955 an DKW-Direktor Dr. Carl Hahn nach Ingolstadt, jetzt aber sei es, „wenn wir allein an die Zukunftsabsichten des VW-Werks denken, höchste Zeit", um den Schnell-Laster endlich zu verbessern. Eine angefügte Liste gab Auskunft über die Forderungen der Verkäufer: „1 Tonne Nutzlast, 100%ige Laufruhe des Getriebes, teilweise Aufhebung der Entfeinerung von 1953 – Seitentaschen an den Fahrerhaustüren, Armstütze für den Beifahrer, Hecktürverkleidung, Zierleisten am Kastenwagen -, freundlichere und wärmere Gestaltung des Fahrerhauses (einschließlich Armaturenbrett), Verlegung der Lenksäule nach links zwecks Platzschaffung für 3 Personen, gewölbte Windschutzscheibe, Doppelscheibenwischer für alle Typen (...), Entwicklung einer modernen und zweckmäßigen Karosserie".

Dr. Hahn war anderer Meinung. Er schrieb ein paar Tage später lapidar zurück: „Vielleicht sehen wir die Dinge doch zu kompliziert. Was ist denn eigentlich optisch abstoßend? M.E. die großflächige, glatte, gerade Windschutzscheibe. Vielleicht erzielen wir einen völlig anderen optischen Gesamteindruck des Wagens, wenn wir lediglich mal versuchen, den Vorderbau nur insoweit zu ändern, als eine gewölbte Windschutzscheibe dies erfordert. Vielleicht kommen wir so billiger weg."

Man einigte sich schließlich – im August 1955 stellte Auto Union den F 800/3 vor. Äußerlich waren Fortschritte allerdings kaum auszumachen – der Kombi war jetzt beispielsweise auch mit vier Fenstern lieferbar –, doch auf die technischen Forderungen hatten die Ingolstadter reagiert. Mit dem leicht gedrosselten Motor der Limousine avancierte der Transporter zum 3=6-Schnell-Laster: Drei Zylinder, 896 ccm, 32 PS bei 4000 Umdrehungen. Das waren Argumente für das Marketing – beim 3=6 kommen drei Kraftimpulse auf eine Kurbelwellenumdrehung, genau wie beim imageträchtigen viertaktenden Sechszylinder.

Auch vollbeladen erreichte der F 800/3 jetzt zwischen 85 und 90 km/h, *Last-Auto und Omnibus* stoppte ihn sogar einmal mit 102 km/h jenseits der Schallmauer. Dennoch waren viele Händler unzufrieden: Der Schnell-Laster habe sich wieder zu wenig geändert, sei nicht mit der Zeit gegangen,

***Viel zu viel: „Auf einem DKW/30-Fahrgestell mit dem außergewöhnlichen Radstand von 3,50 m und einer 1700-mm-Hinterachse einen Sonderaufbau nach den Abbildungen (...) aufzubauen, ist nicht zu verantworten." (Händler-Postille DKW-Praxis, Heft 4/1955)***

***Hoch hinaus: Auf einem Fahrgestell mit Pritschen-Kabine entstand der Drehleiter-Aufbau.***

*Extra drei: Tempo Hanseat von 1950, unrestaurierter Originalzustand. Solche Fund-Stückchen sind heute äußerst rar geworden; dieser überlebte – wenig gefahren – in der ehemaligen DDR.*

MA-YU 509

*Potz Tausend: Skizzen für ein Facelift aus dem Januar 1956.*

*Van der frühen Jahre: Die Variabilität machte den Kombi so beliebt.*

*Luxus pur: Gasherd, Gasheizung und Spültoilette verwöhnten 1956 den feudalen Camping-freund.*

*Große weite Welt: „America's Sports Car Magazine Road & Track" vertraute auf den zweitaktenden Deutschen.*

monierten sie. Er sei viel zu spartanisch, man wünschte sich mehr Komfort. „Häßlichkeit verkauft sich schlecht, und deswegen sollten wir zu einer gefälligeren und zeitloseren Form kommen", schrieb die Verkaufsleitung diesmal auf die Wunschliste.

Noch 1955 lief auch in Spanien eine Schnell-Laster-Produktion an. IMOSA, eine Tochterfirma der Auto Union im nordspanischen Vitoria, fertigte den Zweitakter für den südeuropäischen Markt. Die Stückzahlen blieben am Anfang bescheiden, um so mehr freute man sich in Ingolstadt über 7827 verkaufte Exemplare im Jahr 1956. Doch der Zenit war überschritten, die Produktion ging von nun an stetig zurück. Die DKW-Kasse war nicht gut gefüllt.

Gebeutelt wurde die Auto Union, wie die meisten anderen Hersteller dieser Zeit, durch Fertigungsprobleme und daraus resultierende Reklamationen. Beim F 800 beispielsweise mußte während der Garantiezeit jedes Fahrzeug im Schnitt mit 107 Mark nachgebessert werden – auf 6000 Fahrzeuge kamen mehr als 10 500 Reklamationen! Die Situation wurde immer kritischer. Friedrich Flick, der sich bei der Auto Union bereits zwei Jahre zuvor mit 31,5 % eingekauft hatte, schritt ein: Er setzte im Mai 1956 als technischen Geschäftsführer Dr. William Werner ein, der diesen Posten bereits zwischen 1932 und 1945 in Chemnitz innehatte.

Probleme gab es in Ingolstadt zur Genüge: Die DKW-Personenwagen stammten konzeptionell noch immer aus den dreißiger Jahren, außerdem gab es nur eine Modellreihe, den 3=6. Auch der Zweitaktmotor blieb Stoff emotionaler Diskussionen, an Stammtischen wie in der Vorstandsetage. Zunächst stoppte William Werner ein ehrgeiziges Projekt: Ein Auto aus Kunststoff sollte entstehen. Pressen für acht Millionen hatte die Auto Union bereits bestellt, allerdings die Fertigungsprobleme unterschätzt. Es mangelte an Know-how, der technische Aufwand war immens, und die Crash-Tests brachten niederschmetternde Ergebnisse. Neue Perspektiven wurden gesucht, auch auf dem Antriebs-Sektor: Die Auto Union wollte mit Elektro-Lieferwagen Fuß fassen. Doch der Markt war zu klein, mehr als 100 Exemplare ließen sich vom stromgetriebenen Schnell-Laster nicht absetzen. Außer Kommunen und Energieversorgern hatten die geräuschlosen Transporter nur dort Erfolg, wo konventionelle Verbrennungsmotoren verboten waren.

Intern sprachen die DKW-Manager über neue Modelle. Der Ruf nach einem F 1000 als Transporter-Nachfolger war Anfang 1956 immer lauter geworden, erste Plastilin-Modelle entstanden. Der Radstand wäre auf 2,4 Meter verkürzt worden, die Gesamtlänge dagegen auf 4,4 Meter gestiegen. Satte 5,8 $m^3$ Ladevolumen sollten die Konkurrenz klar auf die Plätze verweisen. Als Motorleistung waren 45 PS in der Diskussion. Dr. Hahn schlug vor, den Transporter-Nachfolger aus Kunststoff zu bauen, um mit einem besseren Verhältnis

*Wir sind wieder wer: Der F 855 L sollte die Nachfolge des Schnellasters antreten. Die Fotos stammen aus dem Jahr 1952.*

*Einsatzwagen:*
*Der Zweitakter galt als besonders kaltstartfreudig.*

*Tierisch gut: Der DKW eignete sich besonders als Viehtransporter, weil sein Boden nur 32 cm über der Straße lag.*

*Es blieb ein Versuch: Der Elektroantrieb konnte sich nicht durchsetzen.*

**Abbildung ganz unten:**
*Transporter-Transport: Schnell-laster des Jahrgangs 1953 auf dem Weg zum Kunden.*

Eigengewicht/Nutzlast der übermächtigen VW-Konkurrenz entgegentreten zu können – im neuen Transporter-Werk planten die Wolfsburger einen Tagesausstoß von 300 Einheiten! „Wie sollen wir also“, fragte Dr. Hahn im April 1956, „da mit einem Feld-, Wald- und Wiesenwagen entgegentreten?“ Doch weder die Finanzlage noch die technischen Möglichkeiten ließen diese Lösung zu.

Nur noch 3500 Schnell-Laster konnten 1957 gebaut werden, gleichzeitig standen bis zu 9000 Personenwagen und 34 300 Motorräder auf Halde. Der Boom war vorbei – Friedrich Flick nahm zunehmend Einfluß auf die DKW-Firmenpolitik und begann, mit Ford und Daimler-Benz über eine Fusion zu verhandeln.

Die Stuttgarter zögerten nach einem Besuch in Ingolstadt: Zu ungeeignet schienen ehemalige Kasernen für eine Automobilproduktion zu sein, zu weit die Wege zwischen den Gebäuden. Die Mercedes-Manager waren mit den vielen Provisorien nicht zufrieden, unter Druck von Flick stiegen sie dennoch ein.

Mit viel Engagement verfolgten die Ingolstädter Entwickler ein neues Kleinwagen-Projekt. Ein Weg aus der Krise? Auf der ’57er IAA wurde der DKW 600 (später Junior genannt) dem Publikum präsentiert – er war die erste richtige Pkw-Neukonstruktion der Auto Union in der Nachkriegszeit. Doch an Geld zum Produzieren mangelte es, bis Daimler-Benz im April 1958 die Übernahme beschlossen hatte. Die Eigenständigkeit der Ingolstädter sollte dabei auf jeden Fall gewahrt bleiben. So lief im Juni des nächsten Jahres der erste DKW-Kleinwagen vom Band – mit schwäbischer Hilfe hatte man ein neues Werk errichten können.

Nur noch knapp über 2800 Schnell-Laster hatten im zehnten Baujahr einen Käufer gefunden, 1960 sank die Zahl schon auf unter 1000. Während in Spanien die Produktion von Jahr zu Jahr wuchs, wehte dem Zweitakter in Deutschland ein eisiger Wind ins Gesicht. Um Kritiker zu besänftigen, wurde sogar versucht, den Zweitakt-Mief mittels Katalysator in den Griff zu bekommen. Das Vorhaben scheiterte an der mangelnden Standfestigkeit und dem zu hohen Preis.

*Mit bestem Gruß aus Wolfsburg: Tempos Matador der ersten Generation profitierte vom guten Ruf seines VW-Triebwerks – das merkte bald auch Volkswagen-Boß Nordhoff und zog sich aus dem Liefervertrag zurück.*

Abbildung rechts:
*Bessere Verhältnisse: Mikafa bot den Matador als Luxusbus mit opulent verzierter Alukarosserie an – hier ein Werksfoto von 1953.*

Abbildung links unten:
*Der soft colorierte Prospekt von 1953 zeigte die damals aktuelle Tempo-Palette: Matador, Wiking und Hanseat – das Dreirad steht bereits etwas abseits.*

*Leicht geliftet: Tempo Matador, die zweite Generation mit weicherem Front-Design, 1952 vorgestellt. Im Vergleich zum Bulli war das Vidal-Produkt arg ins Hintertreffen geraten.*

BH 28-8338

Matador
1000
BH 38-4233

**Abb. oben und unten rechts:**
***Ehrensache: Kunden mit großen Namen brachten unbezahlbares Renommee.***

***Letzte Fahrt: Lange Aufbauten waren auf dem DKW-Chassis kein Problem.***

Zwei Jahre später schlug dann in Ingolstadt der letzte Schnell-Laster-Takt: Ganze 74 Exemplare liefen noch vom Band – Teil eines Auftrags der Bundespost. Als Nachfolger wurde Ende 1963 der F 1000 L vorgestellt; wieder zweitaktend und komplett in Spanien gefertigt, konnte der 40 PS starke Schnell-Laster mit der modernen Karosserie in Deutschland keine Erfolge mehr verbuchen. Er erreichte nicht das deutsche Qualitätsniveau, die Bayern mußten jedes Fahrzeug nacharbeiten. Nach nur zwei Jahren wurde hierzulande der Vertrieb eingestellt – der letzte Zweitakt-Transporter war an seinen Käufer ausgeliefert worden. Inzwischen hatte bereits Volkswagen in Ingolstadt die Regie übernommen.

Während noch im selben Jahr die Vorkriegsmarke Audi neu entstand (und nur noch Personenwagen fertigte), erlebte der Schnell-Laster-Nachfolger in seiner neuen Heimat eine unbeachtete Karriere. Er wurde später wahlweise auch mit einem Mercedes-Dieselmotor ausgerüstet und trug noch bis 1975 die vier Ringe – zehn Jahre länger als in Deutschland vertrat er DKW und die Auto Union in Spanien.

*Bißchen Dynamik gefällig? Manche Kunden probierten es mit einer hausgemachten Zweifarben-Lackierung.*

*Das tägliche Brot: Auf Kastenwagenbasis bot DKW einen speziellen Bäckerwagen an.*

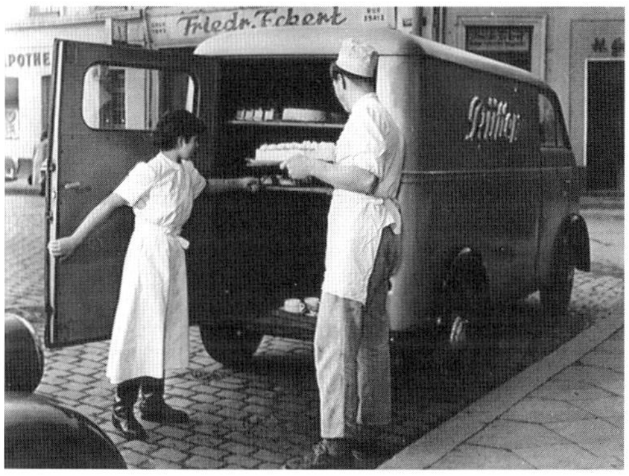

*Ein letzter Vorstoß: Der in Spanien gebaute Nachfolger konnte in Deutschland kaum Freunde gewinnen, der Zweitakt-Schnellaster verschwand 1965 endgültig vom Markt.*

## Tips für Schnellaster-Interessenten

Wer sich in den schlichten Schnelllaster aus Ingolstadt verliebt hat, läßt sich auf keine einfache Beziehung ein. Der Markt ist so gut wie tot, die Suche nach einem originalen Fahrzeug mit akzeptabler Substanz braucht viel Zeit und Geduld. Und restaurierte DKW sind teuer – bis zu 20 000 Mark werden inzwischen verlangt.

Als Alternative bleibt das Selbermachen. Im Zustand 5 kostet der Zweitakt-Transporter zwar mitunter weniger als 1000 Mark, doch darf das nicht über die miserable Teilesituation hinwegtäuschen: Oldtimermärkte müssen nach Restposten abgegrast werden, das beständige Durchforsten der Kleinanzeigenspalten ist Voraussetzung für eine erfolgversprechende Restaurierung. Neu (oder gar als Nachfertigung) ist fast nichts lieferbar – wenn kein Schlachtfahrzeug zur Verfügung steht, bleibt nur das Dengeln der Bleche in Handarbeit. Der stabile Rahmen ist wenig anfällig, um so mehr aber die aufgesetzte Karosserie, die in allen üblichen neuralgischen Punkten gammelt und einer ernsthaften Prüfung unterzogen werden sollte.

Etwas besser sieht die Situation auf der mechanischen Seite aus: Besonders beim 3=6-Motor können Schnellaster-Enthusiasten auf die Versorgungsschiene der Pkw-Piloten zurückgreifen. Die Mitgliedschaft beim *Auto Union Veteranen Club e. V.* (Friedrich-Legahn-Str. 14, 22587 Hamburg) kann überaus hilfreich sein – durch den Kontakt zu Experten oder durch die Angebote seltener Teile.

Unser Fazit: Nur ein Fall für den echten Fan.

# TEMPO-MATADOR

*Gleich schnappt er zu: Der grimmige Gesichtsausdruck wurde zum Markenzeichen der Tempo-Transporter. Man beachte das Größenverhältnis zwischen Passagier und Auto: Der Tempo ist demnach fast vier Meter hoch.*

*Der Matador E war eine (fast) komplette Neukonstruktion – was optisch kaum zu erkennen war.*

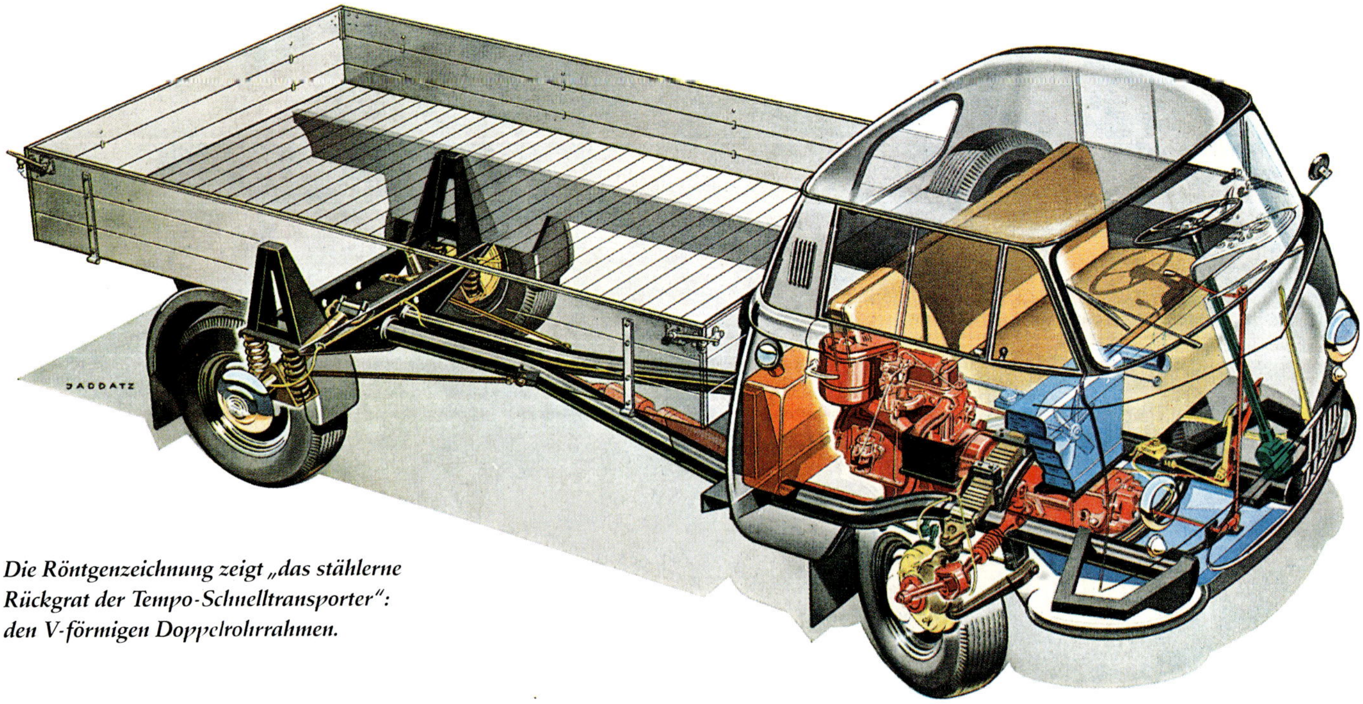

*Die Röntgenzeichnung zeigt „das stählerne Rückgrat der Tempo-Schnelltransporter": den V-förmigen Doppelrohrrahmen.*

# Vier gewinnt

## Die Drei- und Vierradtransporter von Tempo

Was glauben Sie: Welcher Eintonner aus den 50er Jahren hatte das längere Leben? War es der erste VW Bus, der sich von 1949 bis 1967 zäh in den Preislisten hielt, oder der Ford FK/TT, den erst 1966 der in England konstruierte Transit ablöste?

Die Antwort verblüfft: keiner von beiden. Denn dem Tempo Matador gelang es, die beiden Erfolgswagen der Transporter-Szene locker zu überleben. Natürlich, bis zum Produktionsende 1977 hatte er mehrere Facelifts hinter sich, hatte die Motoren, die Produktionsstätte und sogar das Markenzeichen gewechselt. Zuletzt trug er den Mercedes-Stern und wurde in Bremen-Sebaldsbrück gebaut. Trotzdem läßt sich eine ununterbrochene Entwicklungslinie erkennen, die bis ins Jahr 1949 zurückführt – nach Hamburg-Harburg, wo das Tempo-Werk einst sogar einen eigenen S-Bahnhof unterhielt.

Die Marke Tempo gehörte zu den traditionsreichsten deutschen Anbietern leichter Nutzfahrzeuge. Ihre Gründung datiert von 1928, erst 1966 verschwand das Label vom Markt. Bemerkenswert ist, daß Tempo nie den Sprung in die Personenwagen-Produktion wagte, in der Nachkriegszeit also Deutschlands einziger Anbieter war, den ausschließlich kleine Nutzfahrzeuge am Leben hielten. Und das mit beachtlichem Erfolg: Bereits im Juni 1950 feierte Tempo die Auslieferung des 100 000sten Lieferwagens (der unter den rund 45 000 Tempo-Haltern im gesamten Bundesgebiet verlost wurde). Im gleichen Jahr hatte das Harburger Werk seine Belegschaft auf 3500 Mitarbeiter erweitert und durchstieß 1950 zum ersten Mal in der Werksgeschichte die 10 000-Einheiten-Marke.

Von 9895 Wagen im Jahr 1949 hatte sich das Tempo-Werk auf 15 544 Kaufverträge gehangelt. Volkswagen laborierte gleichzeitig noch an den Kapazitäts-Engpässen des Bulli und stellte etwas über 8000 Transporter auf die 16-Zoll-Pneus. Kein Zweifel, Tempo gehörte damals zu den Großen auf dem Transporter-Markt.

Wie das Goliath-Werk des Bremer Technikers Carl F. W. Borgward war die Marke Tempo aus kleinen, handwerklichen Verhältnissen zum Industriebetrieb gewachsen. Zwei Schlossermeister mit den Nachnamen Ehlert und Sühr – ihre Vornamen sind nicht überlie-

fert – hatten sich 1927 in Hamburg-Eidelstedt niedergelassen und mit der Einzelfertigung ihres „Original-Dreirad-Kleinlieferwagens mit vollkommen verkleidetem Motor“ begonnen. Ein Exemplar pro Woche schlosserten die beiden Einzelunternehmer zusammen, versehen mit „sehr stark gebautem“ 350-Kubik-Zweitakt-Motor, dessen Zulieferer heute allerdings nicht mehr bekannt ist. Tempo warb mit der „vierfach gelagerten Duralumin-Kurbelwelle“ des 5-PS-Triebwerks. 1350 Reichsmark riefen Ehlert und Sühr für den Vorderlader auf – und drechselten markige Werbesprüche: „Hast Du keinen Tempo-Wagen, wird die Konkurrenz dich schlagen!“

Tempos mächtigster Mitbewerber hieß Goliath, saß im 100 Kilometer entfernten Bremen und hatte es 1928 bereits zur florierenden Lieferwagen-Schmiede gebracht. Ehlert und Sühr dagegen litten unter dauernder Geldnot und sahen sich nach Teilhabern um. Sie sollten auf ein kapitalkräftiges Unternehmerduo stoßen – und bald arbeitslos werden.

Max Vidal (Jahrgang 1871) und sein 24jähriger Sohn Oscar hatten mit dem Export englischer Kohle ein Vermögen verdient, sich aber 1927 von ihrem stagnierenden Unternehmen getrennt und suchten nun nach neuen Investitionsobjekten. Kleine Dreiradlieferwagen, das erkannten sie, lagen im Trend der Zeit. Mit 20 000 Reichsmark kauften sich Vater und Sohn Vidal in das junge Tempo-Werk ein – ursprünglich nur, um den Vertrieb zu organisieren.

Als freilich die ersten Kaufverträge ins Haus kamen, konnte Tempo nicht liefern: Ehlert und Sühr verbrauchten stattliche Spesen, ohne

eine reibungslose Produktion organisieren zu können. Noch 1928 verließen sie auf den Druck der Familie Vidal das Unternehmen – aus den Kohle-Kaufmännern waren über Nacht veritable Automobilproduzenten geworden. 1929 warben sie den Techniker Otto Daus vom kleinen Konkurrenz-Hersteller Rollfix ab. Seine soliden Konstruktionen sicherten einen rasanten Expansionskurs: Zweimal zog Tempo um und erwarb 1934 schließlich das 600 000 Quadratmeter große Firmengelände auf der damaligen Gemarkung von Bostelbek bei Hamburg.

Ähnlich wie bei Mitbewerber Goliath führte die Evolutionslinie über dreirädrige Vorderlader zu Transportern mit vorderer Kabine, anfangs Tempo Front genannt – der Name bezog sich einmal auf den nach vorn verlegten Fahrerplatz, aber auch auf die Frontantriebs-Philosophie, die das Harburger Haus bis zum Ende der Produktion nicht mehr aufgeben sollte. Tempo gelang es mit den weiterentwickelten Modellen D und E 400 schließlich Mitte der 30er Jahre, den Rivalen Goliath zu überrunden und die Marktführerposition im Dreirad-Bereich zu übernehmen.

Während Borgward im Zuge des Schell-Plans 1939 die Dreirad-Produktion einstellen mußte, erhielt Tempo das Placet, die Baureihe A 400 weiterzuführen. Das NS-Dekret ernannte den Harburger Fronttriebler sogar zum „Einheitsmodell“ – was bedeutete, daß der A 400 von einem anderen Dreirad-Anbieter in Lizenz hergestellt werden mußte: Bei Standard im schwäbischen Plochingen, wo die eigenen Baupläne auf Geheiß der Regierung in der Schublade verschwanden, war man darüber keineswegs erbaut.

Tempo war 1945 der einzige deutsche Hersteller, der fast ohne Unterbrechung weiterproduzieren konnte. Die Harburger Produktionsanlagen, an Hamburgs geschützter Peripherie gelegen, waren praktisch ohne Kriegsbeschädigungen davongekommen. Die Nachfrage kam rasant in Gang – allerdings gelang es Tempo nicht, mehr als die restlichen Materialbestände zu verbauen: Bereits Ende 1946, nach knapp 1300 Exemplaren, stand das Tempo-Band still; es fehlte am Nachschub. Im April 1947 gingen die Tempo-Werker wieder an ihre Arbeit, doch die Produktion köchelte bis zur Währungsreform 1948 auf Spar-

**Abb. diese Doppelseite:**
***Flotte Dreier: Mit dem Hanseat knüpfte das Tempo-Werk an seine Vorkriegserfolge an. Man beachte die Branchen-Vielfalt: Vom Wohnzimmerschrank bis zum Kohlensack – das Dreirad schleppte jede Last. Oben links ein A 400 der ersten Nachkriegsgeneration, erkennbar an der eckigen Motorhaube.***

*Schwerstarbeit: Westfalia baute den Hanseat zum rollenden Kaufmannsladen...*

*...und zur Milchverkaufsstelle mit Kühlaggregat um.*

flamme. Danach konnten sich die Harburger kaum vor Aufträgen retten, zumal der ehemalige Mitbewerber Goliath erst im April 1949 sein Fließband anlaufen ließ.

Die 50er Jahre begann Tempo als Marktführer im Nutzlastbereich unter einer Tonne, noch vor VW, Auto Union und natürlich Goliath. Kurz vor dem Firmenjubiläum im Juni 1950 hatte Oscar Vidal, seit dem Tod seines Vaters im Jahr 1936 Firmenchef, auf einen Schlag 800 neue Mitarbeiter eingestellt, den Baubeginn eines neuen Verwaltungsgebäudes gefeiert und einen Vierradtransporter entwikkelt. Als Privatunternehmen gehörte Vidals Dreirad-Manufaktur bereits einer aussterbenden Art an – aber das sollte 1950 noch kein Thema sein.

Bis zum März 1950 hatte Tempo nur den A 400 im Programm, in jener Version, die 1938 an den Start gegangen war: mit JLO-Zweizylinder-Zweitaktmotor, unsynchronisiertem Dreigang-Getriebe, Seilzugbremsen und Zentralrohrrahmen in zwei Größen, nämlich wahlweise mit 2870 und 3170 Millimetern Radstand. Ende 1948 waren dem A 400 die ersten „friedensmäßigen" Retuschen vergönnt: ein verändertes Kühlergesicht mit verchromtem Mittelsteg und rundem Tempo-Emblem sowie feiner geschnittene Kühlergitter an der Haubenflanke. Der 400-Kubik-Tempo hieß jetzt Hanseat – Tempo nahm damit Abschied von den sachlichen Modellbezeichnungen, die einst NS-Bürokraten diktiert hatten: Phantasiebezeichnungen waren seit 1934 verboten gewesen.

Tempos Ur-Hanseat lief anderthalb Jahre lang, bis das Harburger Privatunternehmen in Bedrängnis kam: Goliath hatte den heckgetriebenen GD 750 präsentiert – und Tempo mußte im März 1950 nachlegen. Der verbesserte Hanseat lockte mittelständische Händler und Handwerker mit einem PS mehr, Dreifach-Kette zwischen Motor und Getriebe (zuvor Duplex), Doppelrollenkette zwischen Getriebe und Vorderrad (zuvor einfacher Antrieb), vorderem Stoßdämpfer, hinterer Pendelachse an vier Schraubenfedern (zuvor Starrachse an Blattfedern), neuem Tacho, verbesserter Pedalerie und optimierter Getriebeübersetzung. Die PS-Spritze hatte Motoren-Zulieferer JLO mit Hilfe von Flach- statt Nasenkolben und Umkehrspülung bewerkstelligt.

Tempo hielt die bisherigen Preise, zum Beispiel 3300 Mark für die Stahlblech-Tiefpritsche, und bot mit 750 Kilo das gleiche Nutzlast-Volumen wie Goliath. Womit zwischen beiden Firmen Gleichstand herrschte – bis hin zu Art und Größe der Aufbauten: Tempo bot 1950 neun Standard-Ausführungen an, nämlich Stahlblechpritsche, Hochlader, Tieflader, Kasten, Kofferkasten, zwei Großraumpritschen sowie einen „vergrößerten Kofferkasten" (O-Ton). Daneben gab es natürlich das traditionelle Programm der Sonderaufbauten, von externen Zulieferern offeriert – und einen „Klein-Omnibus" auf Hanseat-Basis, dessen Produktionsanteil sich mangels Motor-Masse aber im Promille-Bereich einpendelte.

Soweit hatte Tempo seinen Bremer Konkurrenten trefflich gekontert – aber Vidal wollte mehr: Die Hamburger hatten das Heer der Führerschein-IV-Besitzer im Visier, deren Lizenz auf Traktoren, Krafträder und Automobile bis 250 ccm beschränkt war. Bis der sogenannte „Prüfungsangst-Schein" 1954 aus den Zulassungsgesetzen verschwand, nahm die Zahl der Vierer-Piloten, speziell in ländlichen Gebieten, kräftig zu. Für sie baute Tempo den

*In Amt und Würden: Die Bundespost setzte den Boy in vielen Großstädten zur Leerung ihrer Briefkästen ein.*

*Als Schlangenstifter tat sich der Tempo Boy auf deutschen (Provinz-)Straßen hervor: Er durfte mit „Prüfungsangst"-Führerschein der Klasse IV bewegt werden. Rund 400 Kilo Nutzlast hielt das Werk für vertretbar, 40 km/h waren bei gut gefegter Piste drin.*

*Keiner blickte trauriger aus dem Blechkleid: Tempo Matador der ersten Generation, noch mit VW-Käfer-Motor – erst 1952 kündigte VW-Boß Nordhoff den Tempo-Mannen die Freundschaft.*

Boy, über dessen Vorderrad ein einsamer Zylinder stampfte und siebeneinhalb PS entwickelte; zwei PS mehr gab es auf Wunsch. Exakt 197,5 Kubik Hubraum standen ihm anfangs zur Verfügung, gegen Mehrpreis 250 ccm, was den Boy zum Asthmatiker unter den Leichttransportern stempelte: Spötter konnten das verchromte Tempo-Logo auf dem Bug für bittere Ironie halten. Waren die erlaubten 420 Kilogramm Nutzlast auf die Pritsche gewuchtet, schwang sich der Boy mit lärmendem JLO-Triebwerk zu einer Spitze von 40 km/h auf.

Aber der Preis war interessant: 2390 Mark kostete der Basis-Tempo, optisch nur am Schriftzug vom größeren Hanseat zu unterscheiden. Tempo bot selbst den Boy – wie seinen größeren Kollegen – als fünfsitzigen, elfenbeinfarben lackierten Woodie-Kombi mit zweiter hinterer Sitzbank an: Mit diesem Gefährt, so lockte Tempo, „... können Sie den schon lange gehegten Wunsch, am Sonntag mit ihrer Familie ins Grüne zu fahren, endlich verwirklichen." Um so besser, „daß keine Fahrschule erforderlich ist". Dafür bot Tempo seinen Händlern an, den Kunden „nach einer kurzen Fahrprobe zu einem Führerschein Klasse IV zu verhelfen".

Tempo hatte, wie auch Rivale Goliath, seit 1951 mit sinkenden Dreirad-Verkäufen zu kämpfen, trat aber nicht die Flucht nach vorne an: Eine tiefgreifende Modellpflege war weder Hanseat noch Boy vergönnt. Letzterer kam – im Gegensatz zum halbwegs zivil motorisierten Hanseat – auch nie wirklich auf Touren: 1953 zum Beispiel blieb es bei 313 gebauten Exemplaren, bis zum Produktionsende 1956 waren es knapp 5300 Stück.

Aber auch der Hanseat litt unter dem Run auf Vierradtransporter: Von 1952 auf 1953 hatte sich die Produktion halbiert. 1953 lieferte das Konstruktionsbüro Müller-Andernach nochmals optimierte Motoren ab, mit 15 PS für den Hanseat und zehn für den Boy; im Jahr

*Große Piloten fuhren mit eingezogenem Kopf – egal: unzählige Unternehmer-Karrieren begannen in einem solchen (Hanseat-)Cockpit.*

**Abbildungen folgende Seite:**
*Westfalia in Rheda-Wiedenbrück realisierte den Woody und die beiden Verkaufs-Kaleschen.*

**Abbildung ganz unten:**
*Das Hebmüller-Fahrerhaus überzeugte von 1951 an mit vergrößerten Seitenscheiben. Westfalia baute die gezeigte Pritsche.*

*Die US Army orderte 1951 diesen Westfalia-Kasten und baute ihn zum Labor aus.*

darauf stattete Tempo die Dreiräder mit Öldruckbremsen aus – was die Dreirad-Dämmerung nicht abwenden konnte.

Zumindest nicht in Deutschland. Denn obwohl der Inlands-Verkauf im Sommer 1956 endgültig einschlief, bekam der Hanseat seine zweite Chance: Für den Indien-Export lief die Fertigung im Frühjahr 1958 wieder an. Erst gingen rund 3500 Hanseat-Dreiräder auf die Reise, dann, 1962, die kompletten Produktionsanlagen. Tempo hielt 26 Prozent Anteil an der Bajaj-Tempo-Ltd. in der späteren Gurustadt Poona, wo der Hanseat bis heute zusammengeschraubt wird – inzwischen allerdings nicht mehr von JLO-Treibsätzen, sondern italienischen Einzylinder-Dieselmotoren befeuert. Die Verarbeitung läßt eine eher nonchalante Auslegung westeuropäischer Qualitätsstandards spüren, der Dieselsound hämmert sich ohrenbetäubend ins Hirn des Piloten, aber im Schwellenland Indien kommt die fast 60jährige Nutzfahrzeug-Konstruktion noch heute ihrer ursprünglichen Berufung nach: als Transporter des Wirtschaftswunders.

Tempos mittelständische Klientel hegte Mitte der 50er Jahre bereits gehobene Ansprüche: Der VW Bus demonstrierte, wie ein leichter Transporter auszusehen hatte. Tempo war dem Wolfsburger Topseller bereits seit Ende 1949 auf der Spur, vier Monate vor dem Serienanlauf des Volkswagens, einen Monat nach dem Auto Union Schnellaster – und zu

einem Zeitpunkt, als bei Goliath und Ford nicht einmal Prototypen liefen. Nur Kleinserien-Hersteller Gutbrod hatte den Trend bereits 1946 geahnt – aber das ist eine andere Geschichte (siehe Kapitel „Ein Mann will nach oben").

Der Ur-Matador war abstrus häßlich, aber pfiffig konstruiert, sauber verarbeitet – und erstaunlich motorisiert: Unterm Hosenboden des Fahrers, also praktisch als Mittelmotor, ballerte der 25-PS-Boxermotor des VW Käfer. Die Geschichtsschreibung schweigt darüber, wie Oscar Vidal diesen Deal einfädeln konnte – VW-Chef Nordhoff unterband später jede Lieferung von VW-Teilen an fremde Hersteller und wollte Karosseriebauern selbst das Schneidern von Sonderaufbauten auf VW-Bus-Chassis verbieten (siehe VW-Kapitel). Auf der anderen Seite versorgte er Tempo bis 1952 mit fast 14 000 Motoren, um dann den Vertrag mit der Begründung auslaufen zu lassen, daß VW die eigenen Kapazitäten händeringend selbst brauche.

Tempo-Cheftechniker Dietrich Bergst pflanzte den Boxer in einen v-förmigen Rohrrahmen, hinter die Vorderachse – davor saß das unsynchronisierte Getriebe, das seine Kraft auf die Vorderräder übertrug. Vorn arbeitete eine Pendelachse mit großer Querblattfeder, hinten die Tempo-typische Pendelachse an vier Schraubenfedern. Mit diesem Konzept taten die Hamburger, was Qualitäts-Fanatiker Nordhoff anfangs lassen wollte: Der Matador bot sich als Basis für jede Art von Sonderaufbauten an. Tempo unterstützte die Maß-Arbeit mit vier verschiedenen Radständen (2600, 2800, 3000 und 3150 mm) – für alle galten 875 Kilo Nutzlast.

Tempos Matador begegnete potentiellen Käufern in allen denkbaren Spielarten: als Krankenwagen oder Elfsitzer-Woody, als Luxus-Bus mit Alu-Aufbau von Mikafa oder Verkaufswagen von Westfalia, mit heb- und senkbarer Ladefläche, als Möbelkoffer, Bestattungswagen, Sattelschlepper oder Campingfahrzeug.

Sogar mit sportlichem Lorbeer durfte sich der Matador 1950 schmücken: Drei Pritschenwagen hatte Tempo auf die ADAC Deutschlandfahrt entsandt, wo sie in der Klasse der Nutzfahrzeuge bis eine Tonne Nutzlast starteten – alle waren sie nach 2000 Kilometern strafpunktfrei ins Ziel gekommen.

Doch dann drehte Nordhoff seinem Hamburger Großkunden den Hahn zu: 1952 mußten Vidals Vehikel ohne VW-Motor auskommen – und ohne den Ruf eherner Zuverlässigkeit. Tempo stieg auf eine Konstruktion des freien Ingenieurbüros Müller-Andernach um, einen Zweitakter mit drei Zylindern und 672 Kubik Hubraum, der sich besonders durch seine mangelhafte Standfestigkeit hervortat. Die Modellbezeichnung Matador 1000 mußte einem Anflug von Großmannssucht entsprungen sein, denn sie entsprach weder dem Hubraum noch der Nutzlast, in diesem Fall 900 Kilogramm. Außerdem war der Basis-Mata-

dor mit 7350 Mark (Kastenwagen) nicht ausgeprägt preiswert.

Der Matador 1400 kostete 8450 Mark und bot einen solideren (Viertakt-)Motor, wenngleich er aus derselben Quelle stammte wie der neurotische Zweitakter: von Müller-Andernach, dem freien Konstruktionsbüro, das – wie es die Firmenbezeichnung bereits signalisierte – in der gleichnamigen rheinischen Kleinstadt residierte. Der 1400er schöpfte 34 PS aus 1092 Kubik Hubraum und durfte bis zu 1380 Kilo Nutzlast mit sich herumschleppen – womit er seiner Modellbezeichnung zumindest halbwegs gerecht wurde.

Beiden Matadoren der zweiten Generation war ihr gestraffter Bug gemeinsam: Den Scheinwerfer-Blick des Vorgängers hatten Kritiker stets mit traurigen Augen im Gesicht eines Boxerhunds verglichen; und die kleine, geteilte Frontscheibe hatte dem Auto eine unnatürlich hohe Gürtellinie aufgezwungen. Zeitgenössische Fahrensleute mußten sich regelrecht verrenken, wollten sie ihren Ellbogen „entspannt“ auf dem Türrahmen plazieren (was auch damalige Werksfotos unretuschiert zeigten). Jedenfalls war der Ur-Matador ein Automobil von rustikalem Aussehen, das mit der zweiten Generation geglättet wurde: Eine niedrigere, gewölbte und mit elf(!) Alu-Elox-Leisten verzierte Blechblende sicherte größere Seitenfenster und harmonischere Proportionen.

Tempo griff damit eine Initiative der Wülfrather Karosserieschmiede Hebmüller auf, die

*Immer auf der Höhe: variable Hubpritsche von Ruthmann, 1952 auf Matador-1400-Chassis gebaut.*

*Die Tempo-Werbung sprach gern auch vom „Aristokraten unter den Kleinlastern". Allerdings war die Hebmüller-Kabine nur ein knappes Jahr im Angebot.*

dem schrulligen Ur-Design schon 1951 mit einer „Luxus-Version" des Matador ans Blech gegangen war: Hebmüller offerierte eine Version mit höherem Fahrerhaus und größeren Fensterflächen, nannte sie keck „Matador Luxus – der Aristokrat unter den Kleinlastern", und bekam sogar die Genehmigung aus Hamburg-Harburg, die Edel-Version über das Tempo-Händlernetz vertreiben zu dürfen.

Zum Auto-Adonis hatte es freilich auch der Matador der zweiten Serie nicht gebracht, gerade im Hinblick auf die Konkurrenz, die sich 1953/54 im Eintonner-Segment tummelte: VW Transporter, Ford FK oder Goliath Express wirkten deutlich erwachsener. Bis sich Tempo aber mit einem zeitgemäßen Entwurf auf die Fachmessen wagte, gebar die Harburger Entwicklungsabteilung noch einen weiteren Kleintransporter von eher abstruser Statur: den Wiking.

Tempo-Cheftechniker Bergst war vom Ende des Dreirad-Booms überzeugt und konstruierte ein Vierrad-Vehikelchen, das Hanseat-Aufsteiger bei ihrer Stamm-Marke halten sollte. Der Wiking mobilisierte 17 PS aus 452 Kubik; gebaut wurde das Triebwerk wiederum bei Heinkel in Stuttgart. Layout des Rahmens und der Fahrwerksorgane orientierten sich am größeren Matador. Immerhin 850 Kilogramm trauten die Tempo-Leute dem Kleinen zu, der zum ersten Mal mit einem Stilmittel aufwartete, das später zum Erkennungszeichen der Tempo-Typen avancieren sollte: der Kühleröffnung am Bug, vom Volksmund „Karpfenmaul" oder „Schmollmund" getauft. Beim Wiking war es mehr ein Mündchen, das der Klein-Transporter allerdings nur zwei Jahre lang aufsperren durfte – bis die Nutzfahrzeug-Manufaktur 1955 zum Bau von Einheits-Fahrerhäusern überging. Aber davon hören wir später mehr.

Wie fühlte sich das schmalbrüstig wirkende Autochen im Alltag an? Richard Gebauer, Test-Redakteur der Zeitschrift *Last-Auto und Omnibus*, ließ sich Mitte 1954 auf die bretthart Sitzbank fallen, griff nach dem dürren Lenkradkranz und diktierte dem Tempo-Werk seine Wünsche: Ein bißchen mehr Schaumstoff auf dem Bock und eine anständige Fußraumentlüftung begehrte er für fernere Tage, empfahl den Wiking aber wortwörtlich als „lebendigen und billigen Lieferwagen für den Kleinhandwerker und Geschäftsmann". 4950 Mark nahm der Tempo-Händler für die Hoch-

**Abbildung rechts unten:**
***Schmalhans: Arg zierlich wirkte der erste Wiking von 1953 – er hielt sich nur zwei Jahre lang im Programm, zum Beispiel als rollende Milchverkaufsstelle von Westfalia.***

lader-Pritsche. Wie beim großen Bruder Matador konnten die Tempo-Verkäufer auf Wunsch (fast) jeden möglichen Sonderaufbau offerieren. Im regulären Programm gab's Hoch- und Tiefladerpritsche, Kasten und Koffer sowie einen Achtsitzer-Kleinbus, der bei voller Besetzung ein gewisses Anlehnungsbedürfnis der Insassen nahelegte. Pragmatisch löste der Tempo-Werksfotograf 1954 das Problem, für den Wiking-Werbeprospekt drei Personen auf der Sitzbank des nur 1,64 Meter breiten Microbusses zu komprimieren: Eine junge Dame im Dirndlkleid mußte einfach mit dem Rücken zu den Seitenfenstern durchrutschen...

Er war wohl doch zu zierlich. Zur IAA 1953 hatte Tempo den Wiking gezeigt, und bereits zur nächsten Messe – 1955 – stand der Nachfolger bereit. Von da an stimmten auch die Proportionen: Die Tempo-Techniker um Dietrich Bergst behielten das Grundmotiv des Wiking-Antlitzes bei, verbreiterten das Auto aber um acht Zentimeter, retuschierten dem „Schmollmund" ein blechernes Gebiß ins Oval der Öffnung und verlegten die geschwungene Blechsicke unterhalb der Fahrerscheibe ein Stück nach oben. Dieses Designmotiv behielt Tempo für die nächsten Jahre bei – plötzlich sahen die Tempos nicht mehr melancholisch aus wie die Ur-Matadore von 1950/51, sondern schienen ihre Konkurrenz von den Fabrikhöfen und Laderampen Deutschlands verbeißen zu wollen. Der böse Blick wurde zum Markenzeichen der Transporter-Manufaktur – auch deshalb, weil – wie erwähnt – die neue Kabine von 1955 an zum Einheits-Fahrerhaus wurde.

Tempo, seit Mitte 1955 mit Rheinstahl-Hanomag vereinigt, setzte seinen Konkurrenten in der zweiten Hälfte der 50er Jahre ein dreigliedriges Typenprogramm in den Weg: Wiking, Rapid und Matador. Zur Premiere des neuen Fahrerhauses gab es einmal den Wiking mit unverändertem Zweizylinder-Zweitakter und zum anderen den Matador I mit 1,3 Tonnen Nutzlast und dem 39-PS-Triebwerk aus dem Vorgängermodell. Erst 1957 kam der Tempo Rapid dazu.

***Transporter mit Biß: 1955 präsentierte Tempo das Einheits-Fahrerhaus für Wiking und Matador; zwei Jahre später kam der Rapid dazu. Das aggressive Front-Design behielt Tempo acht Jahre lang bei.***

Zu den Modifikationen, die Tempo zur 1955er IAA präsentierte, gehörte ein vollsynchronisiertes Viergang-Getriebe für den Matador I, dessen leichtere Schaltbarkeit allerdings unter einer konstruktiven Eigenart litt: Das neue Fahrerhaus ließ – zugunsten des vergrößerten Fußraums – keine Mittelschaltung mehr zu. Auch eine Lenkradschaltung schien den Tempo-Männern nicht realisierbar zu sein. Statt dessen ragte der Schalthebel nunmehr waagerecht aus dem blechernen Armaturenbrett und war über ein komplexes Gestängesystem mit dem vor der Vorderachse liegenden Getriebe verbunden. Nachteil: Jetzt führte der Hebel immer noch durch den Fußraum, der Tempo irritierte seinen Piloten aber noch dazu mit der ungewohnten Anordnung des Schaltschemas.

Fachleute stritten damals hochtourig darüber, ob das Tempo-System denn im Alltag tauge: Während die Kfz-Mechaniker des Tempo-Hanomag-Vertriebsnetzes bei der Justierung des Gestänges garstige Lieder absangen, befand *Last-Auto- und Omnibus*-Tester Reinhard Gebauer, „man schaltet genauso leicht und bequem wie mit einer der üblichen Lenkradschaltungen".

Zur gestrafften Linie des neuen Matador wollte das Ambiente im Fahrerraum weniger

***Mit den Austin-Motoren, die Tempo 1957 ins Spiel brachte, wurde der Matador im Kampf gegen VW und Ford wieder konkurrenzfähig. Der Siegeszug des Bulli war trotzdem nicht zu stoppen.***

***In über 50 Standardmodellen lieferte Tempo seine Transporter aus – Kasten und Pritsche waren die verbreitetsten Versionen.***

passen: Neben einer verstellbaren Rückenlehne und einer eigenen Klappe für die Fußraumentlüftung mochten sich so gar keine Spuren von Fahrkomfort einstellen. Türen, Fußraum, Boden des Fahrerhauses zeigten nacktes Blech und ließen Tester Gebauer, der sonst selbst für asketische Stimmung noch lobende Worte fand („geschmackvolle Gestaltung“), nach ein paar Preßspanplatten zur Abdeckung fragen.

Keine Diskussionen gab es 1955/56 zur Motorenpalette der Tempo-Transporter – der Daumen vieler Fachleute zeigte, auch im Hinblick auf VW Bus, Ford FK und Goliath Express, nach unten. Erst im Frühjahr 1957 sicherte Tempo wieder einen gewissen Vorsprung zur Konkurrenz – mit zwei neuen Triebwerken aus renommiertem Haus.

Das nicht in Deutschland lag: Im Matador und dem neuen Modell Rapid steckten die Triebwerke der britischen Mittelklasse-Pkw Austin A 35 und A 40. Allerdings ließ sich Tempo nur die Rumpfmotoren liefern und bestückte sie mit deutschen Aggregaten aus dem Solex- bzw. Bosch-Regal; Kundendienst-Überlegungen hatten diese Entscheidung beschleunigt.

Austins Triebwerke waren von zeitgemäß konservativem Zuschnitt: vier Zylinder in Reihe, Nockenwelle tief unten im Block, hängende Ventile, von Stoßstangen und Kipphebeln bei Laune gehalten, drei Kurbelwellenlager, einmal 32 PS aus 948 Kubik, zum zweiten 48 PS bei 1489 Kubik. Letztere Leistungsstufe sorgte beim Matador für eine Nutzlast-Erhöhung auf 1,5 Tonnen. Austin, auf dem deutschen Markt nur in Mini-Stückzahlen präsent, soll über den Tempo-Auftrag zutiefst erfreut gewesen sein, und Tempo profitierte auf der Insel: Jensen, später als Sportwagenproduzent berühmt geworden, bezog von 1957 an ckd-Bausätze (**c**ompletely **k**nocked **d**own) des Tempo Matador aus Hamburg-Harburg…

Tempos stärkstes Argument war auch Ende der 50er Jahre die Modellvielfalt: Ein 1959er Farbprospekt zeigte interessierten Handels- und Gewerbetreibenden nicht weniger als 50 Standard-Modelle, vom nackten Wiking-Chassis mit Fahrerhaus bis zum Tragkraft-Spritzenwagen, Bestatter, Rennpferde-Transporter oder einer fahrbaren Teppichklopfmaschine (!). Selbst vor skurrilsten Sondermodellen schreckten die Harburger nicht zurück: 1960 entstand ein Matador mit Einsitzer-Kabine, 48-PS-Motor, hydraulischer Hebebühne und Kofferaufbau, der zum Beliefern von Lufthansa-Flugzeugbordküchen diente. Originalton Tempo: „Der verwindungssteife Doppelrohrrahmen der Tempo-Wagen eignet sich für jeden Sonderaufbau. Tempo baut Wagen nach Maß!“

Stimmte schon – nur: Auf dem Markt der Schnelltransporter blies der Wind um 1960 kalt wie nie. VW sahnte als Marktführer kräftig ab, aber die Auto Union, inzwischen unter Mercedes-Regie, rollte ihren unrentabel gewordenen Schnellaster ins Museum, und die Goliath-Fließbänder hielt 1961 der Konkursverwalter an. Tempo hatte dem Konzentrationsgedanken der Branche bereits 1955 nachgegeben und war eine Liaison mit Hanomag eingegangen; beide Firmen verschmolzen 1959 im Rheinstahl-Konzern. Der saß Ende der 50er Jahre auf vollen Kassen und suchte seiner Nutzfahrzeug-Sparte einen Partner mit attraktivem Pkw-Programm – auf diese Weise wäre die Marke Tempo beinahe mit dem Borgward-Rhombus vereinigt worden. Beinahe…

Treibende Kraft dieser Aktivitäten waren die Tempo-Hanomag-Händler gewesen, die in den 50er Jahren gut verdient hatten und gern expandieren wollten – im Personenwagen-Segment. Opel oder Ford kamen als Fusionspartner nicht in Frage, DKW war in den Händen von Mercedes; Glas, NSU und BMW krankten an wenig ausgewogenen Verkaufsprogrammen. Borgward in Bremen erschien den Rheinstahl-Kaufleuten als lohnendes Objekt: Der Bremer Privatkonzern brauchte Geld, besaß eine attraktive Pkw-Palette und residierte in geographischer Nähe zu Hannover und Harburg.

Im Herbst 1960 kam es zu ersten Gesprächen zwischen Hanomag- und Borgward-Vertretern: Auf der Seite des Rheinstahl-Konzerns stand Hanomag-Direktor Werner Lindberg, gegenüber Borgward-Mann Hans Bertuleit, damals Nutzfahrzeug-Verkaufsleiter. „Es zeichneten sich genügend Ansatzpunkte für eine gemeinsame Zukunftssicherung ab“, erinnert sich Bertuleit heute, „salopp gesagt: Borgward bekommt Geld und Hanomag ein ausgereiftes Pkw-Programm“. Die Lastwagen-Palette beider Firmen gedachten die Verhandlungspartner zu verschmelzen: Im Transporter-Segment sollte der Borgward-Rheinstahl-Konzern die Tempo-Produkte verkaufen, eine Klasse darüber den Borgward-Frontlenker B 611, bis zu vier Tonnen Nutzlast die Hanomag-Typen Kurier und Markant und bis zu sechs Tonnen den Borgward-Lkw B 655.

***Nichts war unmöglich: Heizöltransporter mit abnehmbarem Tank – ab Herbst 1959 im Tempo-Sortiment. Brennstoffhändler konnten mit dem Tempo-Patent abwechselnd Kohlen und Öl auf dem selben Wagen ausliefern.***

Rheinstahl-Hanomag hatte im Oktober 1960 grünes Licht für die Fusion gegeben. Privatier Carl F. W. Borgward kündigte gleichzeitig nach längerer Ablehnung an, sich mit 49 Prozent der Gesamtanteile zu begnügen – im November 1960 sollten die Finanzexperten beider Firmen das letzte Wort sprechen und die Fusion besiegeln. Es kam nicht soweit: Carl F. W. Borgward entschloß sich, seine finanziellen Schwierigkeiten mit Stützungskrediten zu überbrücken und bügelte die Rheinstahl-Interessenten barsch ab. Fortan herrschte Funkstille. Borgwards Unternehmen starb im Jahr darauf den Konkurstod – und die Tempo-Hanomag-Händler blieben ohne Pkw-Programm.

Die Marke Tempo lebte nur fünf Jahre länger als der einstige Mitbewerber Borgward: 1965 gab Oscar Vidal die letzten 50 Prozent seiner Geschäftsanteile an den Rheinstahl-Konzern ab. Im Jahr darauf verschwand das Tempo-Emblem vom Bug des Matador E, den Tempo zur IAA 1963 als Nachfolger des Trios Wiking, Rapid und Matador I lanciert hatte. Alle drei Modelle hatten es zusammen auf immerhin 63 000 Exemplare gebracht.

Der Matador E (E wie Einheitstyp) wirkte für flüchtige Betrachter wie sein mild retu-

***Rahmen-Bedingungen: Matador-Käufer durften zwischen sechs Radständen wählen – satte 3,3 Meter waren es für die Möbelkoffer.***

schierter Vorgänger, und tatsächlich war die optische und auch konstruktive Linie auf den ersten Blick gleichgeblieben. Die Summe der Detailveränderungen aber ergab ein neues Auto, angefangen beim umgestylten Kühlergrill, jetzt ohne aggressiv gebleckktes Blechgebiß, bis zum Motor, der nun vor der Vorderachse saß, und dem Getriebe, in dem wieder per konventionellem Hebel gerührt werden durfte. Die Rahmenrohre verliefen nicht mehr in V-Form, und statt des Austin-A-40-Triebwerks verwendete Tempo künftig das 54 PS starke Aggregat des neueren A 60. Bis zu 1,6 Tonnen durften dem Matador von da an zugemutet werden.

Nachdem Mercedes zum Jahresbeginn 1971 den Hanomag-Konzern (und damit das ehemalige Tempo-Werk in Hamburg-Harburg) übernommen hatte, trug der Matador sogar den silbernen Stern auf dem Kühlergrill. Nun ja, Matador durfte er seit 1967 nicht mehr heißen: Schon die Hanomag-Konzernherren hatten ihm einen weiteren Facelift verpaßt und damit auch neue, nüchterne Typenbezeichnungen (F 20 bis 35); bei Mercedes hieß er L 206/307. Das Motorenprogramm der betagten Baureihe dokumentierte die Wirren um die Geschichte des einstigen Tempo-Volumenmodells: Es gab 1975 nach wie vor den Austin-Motor, wenn auch in einer erstarkten

*Gegen Mehrpreis gab's den Rapid Luxusbus (auf dem Bild ein '58er Modell) mit großem Faltdach – wie Wolfsburgs Samba.*

*Frontantrieb macht's möglich: Matador-Abschleppwagen mit heb- und senkbarer Ladefläche – noch eine patentierte Tempo-Spezialität.*

Variante mit 70 PS aus 1798 Kubik, aber auch den 60 PS starken Selbstzünder aus dem Mercedes 220 D/8... Erst 1977 schlief die Produktion der 206/307-Typen zugunsten der neu entwickelten Transporter-Generation 207/307 ein. Ironie des Schicksals: Zuletzt wurden sie in jenen Bremer Hallen montiert, die einst Erzrivale Borgward für seine Isabella gebaut hatte.

Der zäheste Transporter der deutschen Nutzfahrzeugszene darf trotzdem nicht sterben. Er wird noch immer gebaut – natürlich in Poona, wo er bis heute Matador heißen darf. Ein Ende ist nicht abzusehen, die Produktion steht auf einem festen Fundament: 26 Prozent des indischen Tempo-Werks gehören dem Mercedes-Benz-Konzern.

*Unter neuer Flagge: Der Matador E war noch unter Tempo-Signum entwickelt worden; ab 1966 trug er dann das Hanomag-Logo. Der Austin-Motor saß seit 1963 vorn im Fahrerhaus.*

*Schöne alte Warenwelt: Einzelhandels-Idylle von 1958, irgendwo in Hannover. Ein Tempo-Werksfoto von zeitgeschichtlichem Wert – man beachte die Markenartikel-Präsentation im Schaufenster!*

your passengers will

# look forward

to riding in the -

JENSEN
FRONT WHEEL DRIVE

Tempo 1500

12 SEATER
SUPERCOACH (P.S.V.)

**AND HERE'S WHY:-**

**it's the _only_ vehicle of its type with FORWARD FACING SEATS**

*— and there are these other outstanding features :-*

- Observation lights in roof.
- Lively, yet economical performance from B.M.C. "B" Series Engine.
- Superb ride from independent suspension on all wheels.
- Front wheel Drive for optimum road holding and traction.
- Heater standard.

**14 SEATER PERSONNEL CARRIER ALSO AVAILABLE.**

Built on a tubular chassis of great strength, the JENSEN 12 seater Bus is a new conception in passenger comfort coupled with outstanding road holding and general performance. It is luxuriously upholstered; has ample accommodation for baggage, and provides maximum comfort and leg room. Full width windscreen and extra large side and rear windows provide first class visibility for driver and passengers alike.

*For further details and illustrated literature, write to :*

JENSEN MOTORS LIMITED
West Bromwich, Staffs. Tel.: West Bromwich 2841 (10 lines)

*Reif für die Insel: Jensen baute den Matador für den britischen Markt in Lizenz – nicht nur als Luxusbus übrigens, sondern in allen gängigen Aufbauvarianten.*

*Natürlich hieß er in Mercedes-Diensten nicht mehr Matador – bis 1977 war der 206/307 im Programm; er ging direkt auf die Tempo-Transporter zurück.*

## Tips für Tempo-Interessenten

Die Tempo-Szene ist ein kleiner Fan-Zirkel, der wenig Wert auf Öffentlichkeitsarbeit legt. Einen eingetragenen Tempo-Club gibt es in Deutschland nicht. Fahrzeuge des Hamburger Herstellers tauchen nur sehr vereinzelt zum Verkauf auf; meistens handelt es sich um die Vierrad-Transporter nach 1955. Originale Dreiräder sind so gut wie nicht zu bekommen.

Wem es freilich nicht um historische Substanz, sondern die urige Aura der „Dreikantfeilen" geht, der kann auf das Angebot des Braunschweiger Autokaufmanns Ulrich Schulz (Adresse: Hafenstraße 60, 38112 Braunschweig) zurückgreifen: Er schafft seit 1988 fabrikneue Tempo-Dreiräder aus Poona nach Niedersachsen, beseitigt die gröbsten Qualitäts-Schnitzer, besorgt die Vollabnahme und kümmert sich um die Wartung der Einzylinder-Diesel-Vehikel. Größter Haken dabei ist der Preis: Rund 18 000 Mark ruft Schulz für einen fabrikneuen Tempo-Kastenwagen auf, dessen Höchstgeschwindigkeit vom deutschen TÜV aus Sicherheitsgründen auf 25 km/h limitiert ist. Und natürlich sehen die Neo-Tempos aus Poona nur nostalgisch aus, sind aber nagelneu und entsprechen auch nach der Finish-Kur keineswegs mitteleuropäischen Qualitäts-Maßstäben. Originellste Variante in Schmitz' Angebot ist das „Autorickshaw", die offene indische Taxi-Version mit sechs Sitzplätzen – für den eher exzentrischen Auftritt auf großstädtischen Flaniermeilen.

Dorniger ist die Suche nach einem Original-Dreirad oder den frühen Matador- und Wiking-Typen – Tendenz: (fast) nichts zu finden. Die Modellgeneration zwischen 1955 und 1963 (mit „bösem Blick" und dem skurrilen Schalthebel in der Mitte des Armaturenbretts) taucht vereinzelt noch auf und erfreut Restauratoren mit ihrer problemlosen Technik: Für alle Austin-Motoren bieten anglophile Fachhändler die wichtigsten Teile frei Regal an; die Preise bewegen sich im tiefgrünen Bereich. Ähnlich sieht's mit den (deutschen) Nebenaggregaten des britischen Triebwerks aus. Da der Marktwert gut restaurierter Vierrad-Tempos deutlich unterhalb der 10 000-Mark-Hürde liegt, ist aber von Restaurierungsversuchen am völlig verrotteten Objekt abzuraten. Meist tauchen Pritschen-Exemplare auf, rarer sind Kasten-Tempos, als extrem selten gelten originale Kleinbus- oder Wohnmobil-Typen (Mikafa in Minden baute einst Einzelexemplare für horrendes Geld um). Faustregel: Der Alt-Tempo sollte komplett, möglichst fahrbereit und leidlich erhalten sein – solche Exponate gibt's (zum Aufbauen) für deutlich unter 5000 Mark.

Noch ein gutes Stück günstiger sind die Matador-E-Modelle aus der Zeit zwischen 1963 und 1967. Wirklich reizvoll sind sie aber nicht: Erstaunlich viele haben irgendwo überlebt, aber weder optisch noch vom Fahrgefühl können sie mit der schrullig-blechernen Ausstrahlung ihrer Kollegen der Karpfenmaul-Generation mithalten. Die Teileversorgung ist dafür etwas einfacher als bei den älteren Modellen, weil die Chancen, ein günstiges Objekt zum Ausschlachten zu finden, ungleich besser stehen.

# GOLIATH

**Modell 1949**

# 3/4 TONNER

## mit Vierganggetriebe und Hinterachsantrieb

**Wassergekühlter 13 PS Motor**

Fahrsicher wie ein Vierradwagen

Treibstoffverbrauch 6,8 Ltr. auf 100 km

Für jeden Betrieb der bevorzugte Zubringerwagen

Wendig und sicher im Straßenverkehr

Ausdauernd auf langen Strecken

Leistungsfähig am Berg

Ein gefälliger Wagen, der Ihnen durch seine erprobte Konstruktion und Wirtschaftlichkeit lange dienen wird

# Zwischen High Tech und Low Budget

## Goliath GD 750, GV 800, Express, Goli

Die Geschichte des Goliath-Werks erinnert an einen kühnen Wirtschaftsroman: Mit seinen Dreirädern stieg der gelernte Ingenieur Carl F.W. Borgward zum Autokönig von Bremen auf; sein Imperium zählte zuletzt zu den *Großen Fünf* von Deutschland. Die Gewinne aus dem Nutzfahrzeuggeschäft ermöglichten ihm die Entwicklung von Personenwagen, den Ankauf der renommierten Hansa-Lloyd-Werke in Bremen, letzten Endes auch den Wiederaufbau nach dem Zweiten Weltkrieg. Borgward schrieb sich mit seiner Isabella ab 1954 in die Auto-Annalen ein, doch das Rückgrat seines Erfolgs waren bis zuletzt die leichten Lastwagen und die Transporter. Dreiräder produzierte Borgward von 1925 bis zum Jahr der Konkurseröffnung, 1961.

Mit dem Goliath-Programm hatte sich Borgward in den 30er Jahren als Marktführer im Dreirad-Geschäft etabliert; erst später mußte er sich von Tempo in Hamburg-Harburg überrunden lassen. Tempo hatte an Borgwards Dreirad-Konzept erst im Jahr 1928 angeknüpft, zu einem Zeitpunkt also, als der Bremer Automobilkaufmann bereits eine florierende Serienproduktion seines „Blitzkarrens" aufgezogen hatte.

Zum Kleinlieferwagen kam Borgward ähnlich wie – 25 Jahre später – das Volkswagenwerk zur Basis des Bulli, dem Plattenwagen: Der mittelständische Kühler- und Kotflügel-Zulieferfabrikant brauchte einen Transportkarren, um den Materialnachschub vom Lager in die Werkstatt zu beschleunigen. 1925 ließ Borgward seinen Blitzkarren patentieren: 2,2 PS aus 120 Kubik, per Riemen ans linke Hinterrad weitergereicht, Nutzlast 250 Kilo, Preis 980 Reichsmark. Ein Getriebe gestand Borgward seinem Erstlings-Automobil nicht zu: Der Fahrer mußte den Karren rücklings anschieben und dann auf den Sattel springen.

Borgward hatte das unzählige Male selbst praktiziert: Spätere Firmen-Chroniken wußten die Geschichte des Unternehmers zu pflegen, der mit seinem ersten Prototyp auf der Suche nach Vertragshändlern über Land fuhr. Die Tingel-Tour war nicht allzu erfolgreich, Borgwards frühe Verbündete waren meist Schmieden oder Fahrradhändler. Viele dieser Unternehmen gehörten der Borgward-Orga-

***Im Januar 1949 kündigte Goliath die Nachkriegs-Neuauflage des Dreirads an (links) – die Zeichnung zeigt offenbar noch den Prototyp, mit Goliath-Logo auf der Motorhaube. Das Serienmodell, GD 750 getauft, wurde sofort zum Verkaufserfolg.***

***Goliath-Verkaufsausstellung, 1951 in Bremen: Der Bedarf an preiswerten Kleintransportern war riesig, Goliath hatte seinen guten Ruf über die Kriegsjahre gerettet.***

***Drei Räder, 1000 Möglichkeiten: Wie Konkurrent Tempo bot Goliath für jede Branche den passenden Aufbau an – ob Verkaufswagen, Viehtransporter oder Möbelpritsche.***

nisation bis zum Ende an und genossen, zum Ärger jüngerer Handelspartner, auf Geheiß des Chefs ungewöhnliche Privilegien.

In den 20er und 30er Jahren erlebte der Blitzkarren eine konsequente Evolution. Noch 1925 legte Borgward ein weiterentwickeltes Modell auf, mit 250-Kubik-JLO-Motor und zehn Zentnern Nutzlast – zum ersten Mal verwendete der Hersteller das Label Goliath. Firmen-Chroniken berichten, daß dieser Name auf eine interne Diskussion zurückgeht, die sich um den Vorschlag „Liliput" gedreht habe. Borgward habe eingeworfen, man müsse das neue Produkt „ganz im Gegenteil Goliath nennen". Im Jahr darauf produzierte Goliath ein 350-ccm-Modell, dem zwölf Zentner aufgebürdet werden konnten.

Erst 1933 verließ Borgward die Vorderlader-Konzeption und präsentierte mit den Modellen F 200 und F 400 eine neue Transportergeneration mit geschlossenem Fahrerhaus, mit Lenkrad an „der richtigen Stelle" statt im Heck und einer Nutzlast von 500 bzw. 750 Kilo. Der Buchstabe F in der Modellbezeichnung stand für „Front", was sich auf die Fahrerkabine bezog, nicht aber auf den JLO-Motor mit 198 oder 398 Kubik (5,5 oder 12 PS), der unter der Sitzbank arbeitete. Denn im Gegensatz zur Konkurrenz von Tempo trieb der Zweitakter nicht das einzelne Vorderrad, sondern die Hinterräder an – es sollte bis 1961 so bleiben.

Goliaths F-Modelle blieben bis 1938 im Programm. Einen weiterentwickelten Dreirad-Typ präsentierte Borgward im Sommer 1938: FW 200 und 400 durften (als einzige Dreirad-Modelle der Firmengeschichte) den Borgward-Rhombus tragen. Sie besaßen außerdem keine JLO-Motoren mehr, sondern selbst entwickelte und gefertigte Triebwerke, aber sie brachten es nur auf bescheidene Stückzahlen: Im Zuge der Typenbeschränkung, die der „Schell-Plan" der Nazis diktierte, schlief die Herstellung kurz vor Ausbruch des Zweiten Weltkriegs ein.

Anders als das Tempo-Werk in Hamburg-Harburg war Borgward nicht von großflächigen Bombenangriffen verschont geblieben. Carl F. W. Borgward zählte zu den wichtigsten Rüstungsfabrikanten des Reichs, seine beiden Werke in Bremen-Hastedt und -Sebaldsbrück lagen zu über 75 Prozent in Trümmern. Der Fabrikant kehrte erst 1948 – nach amerikanischer Internierung – in sein Werk zurück, wo zu diesem Zeitpunkt bereits die Produktion mittelschwerer Lastwagen angelaufen war.

Einer der ersten Entschlüsse Borgwards war der Wiederanlauf der Dreiradproduktion. Im Juli 1948 kam der Autobauer nach Bremen zurück, keine vier Wochen später ließ er die Goliath-Werk GmbH ins Handelsregister eintragen. Im April 1949 verließ – nach zehn Jahren Unterbrechung – der erste GD 750 die Werkshallen am Osterdeich 222.

Carl F. W. Borgward hatte während der Entwicklung des GD 750 einen der „Erfinder" des Blitzkarrens zur Seite: Friedrich Kynast war

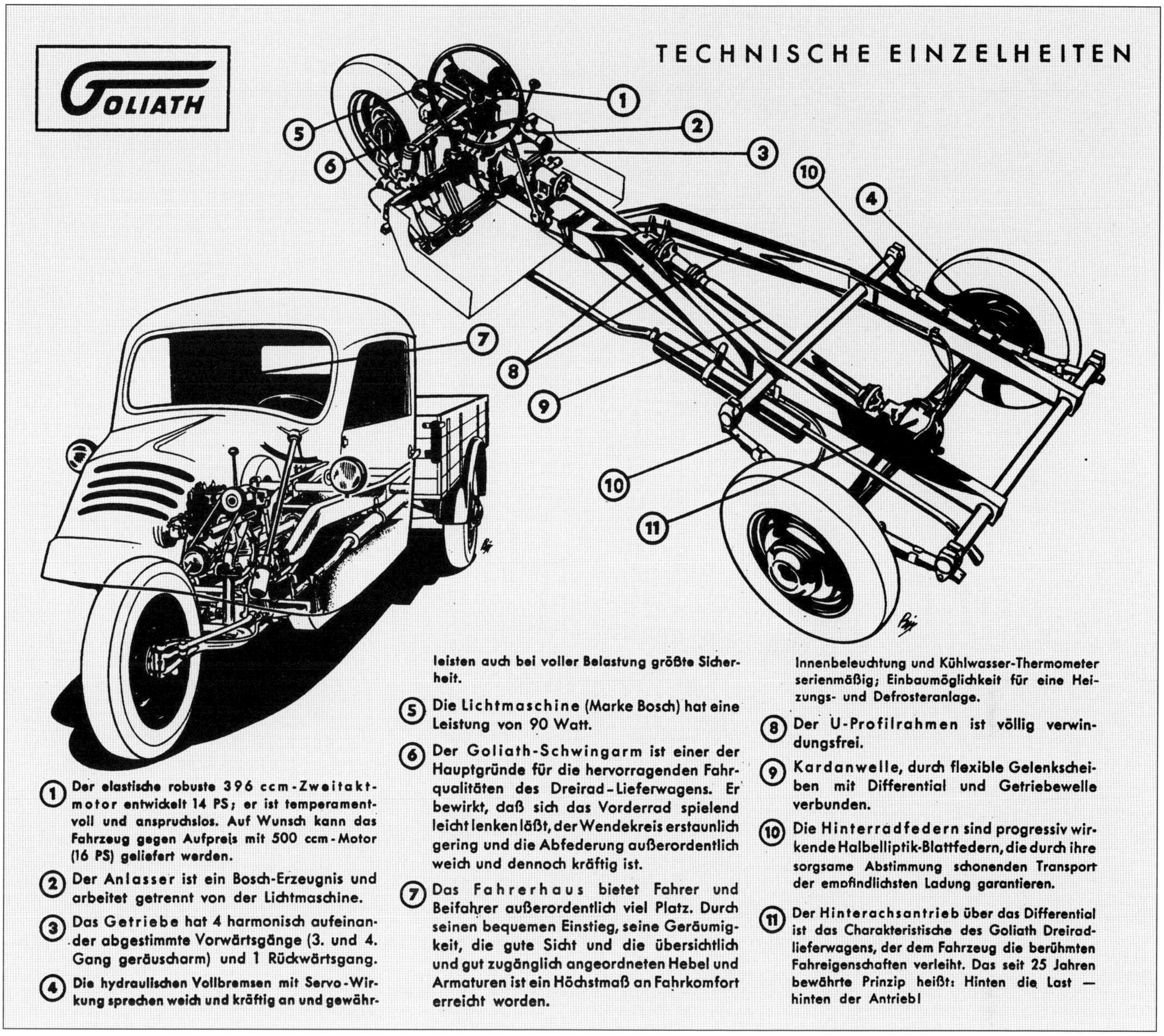

GOLIATH

TECHNISCHE EINZELHEITEN

(1) Der elastische robuste 396 ccm-Zweitaktmotor entwickelt 14 PS; er ist temperamentvoll und anspruchslos. Auf Wunsch kann das Fahrzeug gegen Aufpreis mit 500 ccm-Motor (16 PS) geliefert werden.

(2) Der Anlasser ist ein Bosch-Erzeugnis und arbeitet getrennt von der Lichtmaschine.

(3) Das Getriebe hat 4 harmonisch aufeinander abgestimmte Vorwärtsgänge (3. und 4. Gang geräuscharm) und 1 Rückwärtsgang.

(4) Die hydraulischen Vollbremsen mit Servo-Wirkung sprechen weich und kräftig an und gewährleisten auch bei voller Belastung größte Sicherheit.

(5) Die Lichtmaschine (Marke Bosch) hat eine Leistung von 90 Watt.

(6) Der Goliath-Schwingarm ist einer der Hauptgründe für die hervorragenden Fahrqualitäten des Dreirad-Lieferwagens. Er bewirkt, daß sich das Vorderrad spielend leicht lenken läßt, der Wendekreis erstaunlich gering und die Abfederung außerordentlich weich und dennoch kräftig ist.

(7) Das Fahrerhaus bietet Fahrer und Beifahrer außerordentlich viel Platz. Durch seinen bequemen Einstieg, seine Geräumigkeit, die gute Sicht und die übersichtlich und gut zugänglich angeordneten Hebel und Armaturen ist ein Höchstmaß an Fahrkomfort erreicht worden. Innenbeleuchtung und Kühlwasser-Thermometer serienmäßig; Einbaumöglichkeit für eine Heizungs- und Defrosteranlage.

(8) Der U-Profilrahmen ist völlig verwindungsfrei.

(9) Kardanwelle, durch flexible Gelenkscheiben mit Differential und Getriebewelle verbunden.

(10) Die Hinterradfedern sind progressiv wirkende Halbelliptik-Blattfedern, die durch ihre sorgsame Abstimmung schonenden Transport der empfindlichsten Ladung garantieren.

(11) Der Hinterachsantrieb über das Differential ist das Charakteristische des Goliath Dreiradlieferwagens, der dem Fahrzeug die berühmten Fahreigenschaften verleiht. Das seit 25 Jahren bewährte Prinzip heißt: Hinten die Last — hinten der Antrieb!

bereits 1922 Betriebsleiter in Borgwards Kühlerfabrik und hatte die Dreirad-Entwicklung der 20er und 30er Jahre federführend betreut. Borgward gestand seinem langjährigen Mitarbeiter bei der Neugründung des Goliath-Werks einen Geschäftsanteil von zehn Prozent zu – eine Geste, die in der Chronik seiner Unternehmen einmalig bleiben sollte.

Kynast und Borgward hatten in der knapp siebenmonatigen Entwicklungszeit des GD 750 das Layout der letzten Vorkriegsmodelle aufgegriffen: Ein Dreiecks-U-Profil-Rahmen als Basis, an dem vorn der Schwingarm und hinten eine Starrachse an Blattfedern befestigt war. Wie die F- und FW-Modelle der 30er Jahre setzte Goliath auf Hinterradantrieb („Hinten die Last und hinten der Antrieb"). Zahlreiche Details erinnerten an das Vorkriegsmodell FW 400, unter anderem die Reifengröße 5,50-16 (auf Wunsch 6,00-16) oder der selbst entwickelte Zweizylinder-Zweitaktmotor, der 14 PS aus 396 Kubikzentimetern auf die Welle schickte. Anders als beim FW 400 bezog sich die Modellbezeich-

*Anders als Tempo trieb Goliath die Hinterräder an – damalige Besitzer glaubten, sich das technisch „feinere" Gefährt vors Tor gestellt zu haben.*

*Für viele Kleinbetriebe war ein Goliath der erste Schritt ins motorisierte Zeitalter – es ging bergauf, auch mit dem Umsatz.*

*Carl F. W. Borgward, Unternehmer-Persönlichkeit wie aus dem Bilderbuch (inklusive der unvermeidlichen Zigarre in der Hand): Mit Dreiradwagen baute er sein Auto-Imperium auf.*

nung des Nachkriegs-Goliath auf die Nutzlast, die theoretisch aufgebürdet werden durfte: 750 Kilogramm. In Wirklichkeit gehörten deftige Rahmenschäden als Folge hemmungsloser Überladung zum Alltag – im Goliath-Ersatzteilprogramm waren eigens Rahmen-Verstärkungssätze (!) aufgeführt.

Borgwards Traditions-Fabrik bemühte sich – im Clinch mit Tempo, dem Erzrivalen – um einen betont progressiven Werbestil. Werbeleiter Erwin Plog erfand für sein Dreirad-Programm und die Zweitakt-Limousinen GP 700 ein Anzeigenkonzept, das PR-Geschichte schrieb: Im Stil von Fotoreportagen aufgemacht und erst auf den zweiten Blick als bezahlter Beitrag zu erkennen, lancierte er menschelnde Storys wie die Geschichte der „jüngsten Autofahrerin Deutschlands, der 16jährigen Ursula Diestelhorst aus Bremerhaven-Speckbüttel, die jeden Morgen um sechs mit ihrem Dreiradwagen die Brötchentour fährt und in einer Stunde für ihren Vater 1800 Brötchen ausliefert“. Plog hatte den freischaffenden Bildjournalisten Georg Schmitt mit den Herz-Schmerz-Storys beauftragt – und selbst im *Spiegel* war 1952 die Geschichte der beiden Bauersfrauen zu lesen, die ihren Pferdewagen gegen den GD 750 ausgetauscht hatten, „der ihnen jeden Morgen eine halbe Stunde Schlaf mehr schenkt“.

Im Jahr zuvor, im August 1951, hatten die Goliath-Mannen sogar ein Dreirad auf die Rennstrecke geschickt. 38 Weltrekorde brach der Sport-Goliath, versehen mit einer zigarrenförmigen Alukarosserie, Fahrwerkselementen des GD 750 und dem Motor des GP 700. 155 km/h schnell war das skurrile Renngerät, und die Weltrekorde folgten einem genialen Winkelzug der Werbeabteilung: Nie zuvor hatte es ein ähnliches Unternehmen mit einem Dreirad gegeben, weshalb das Bremer Gefährt auf Weisung der Sportkommissare nicht als Automobil, sondern Motorrad mit Beiwagen gewertet werden durfte – einmal in der Klasse bis 750 ccm, einmal in der Kategorie bis 1200 ccm, weil auch in dieser Klasse bis dato kein schnelleres Gespann unterwegs gewesen war. Goliath-Werbechef Erwin Plog hämmerte auf allen Tasten der Werbeklaviatur – die Weltrekordfahrt bescherte dem Bremer Werk Gratis-Werbung in vielen großen Tageszeitungen und Fachpostillen. Erst einige Wochen später kam Goliaths Rekord-Zigarre ins Gerede: Beim Versuch, die im französischen Monthléry aufgestellten Rekorde zu

*Natürlich war er voll des Lobs, der Obst- und Gemüsehändler Karl Schnädelbach: Eine Goliath-Prospektserie von 1951 ließ zufriedene Dreirad-Besitzer zu Wort kommen – für jede Branche gab es ein eigenes Faltblatt voll warmer Worte aus der Käuferschaft.*

brechen, verunglückte der Goliath-Werksfahrer Hugo Steiner auf dem Hockenheimring tödlich. Und Goliath verzichtete auf weitere Sport-Experimente mit Transporter-Technologie.

Bereits gegen Mitte der 50er Jahre entwickelte sich das Dreirad-Geschäft kontinuierlich zurück. Zu den Hauptgründen gehörte das ärmliche Image der Dreirad-Transporter, das sich von den Primitiv-Konstruktionen der 20er und 30er Jahre in die Aufbau-Ära konserviert hatte. Mit 8468 Fahrzeugen hatte Goliath 1950 die Höchstmarke der Dreirad-Verkäufe erreicht, nur noch 6910 Einheiten verzeichnete man für 1951, 4093 Exemplare orderten die Goliath-Händler im Jahr darauf. „Wenn auch manchmal der Anschein erweckt wird, daß der Goliath-Dreirad-Wagen-Verkauf rückläufig ist, so entspricht das durchaus nicht den Tatsachen", wand sich die Goliath-Verkaufsleitung in einem Rundbrief vom Dezember 1953 an die Händler, nicht ohne hinzuzufügen: „... zumindest nicht in allen Gebieten!"

Goliath räumte seinen Händlern zwei Prozent mehr Grundrabatt ein, trotzdem blieb es für 1953 bei unter 3000 Verkäufen. Zu den milden Maßnahmen der Modellpflege hatten für dieses Jahr die serienmäßige Lieferung von Alu-Radkappen und die Verabschiedung der Seilzugbremsen zugunsten eines Öldruck-Systems gehört. Eine Preissenkung auf 3500 Mark Grundpreis für das Pritschenmodell – im Sommer 1954 – half allerdings nicht, die absackenden Verkäufe zu stabilisieren.

Auf dem Vierrad-Transporter-Markt hatte sich Goliath derweil mit einem Fehlstart profiliert. Der erste Versuch, den Markt leichter Vierradtransporter aufzumischen, wo sich seinerzeit auch Tempo nach Kräften engagierte, endete für die Bremer Techniker im Fiasko. Das Modell GV 800 (für Goliath Vierrad, 800 Kilo Nutzlast) barg nämlich einen bösen konstruktiven Schnitzer: Durch Rahmenverwindungen zog sich öfter mal die Kardanwelle aus ihrer vorderen Führung, das vordere Ende schlug auf der Straße auf, verhakte sich gelegentlich in Schlaglöchern, hob den gesamten Wagen an und ließ ihn nach vorn abfliegen – eine Szene wie aus dem Slapstickfilm. In Wirklichkeit gab's böse Blessuren, und die Händler empfahlen ihren Kunden lieber ein Dreirad-Modell, das obendrein 1200 Mark billiger kam und nur ganze 50 Kilo weniger schleppen konnte. Deshalb fuhr der GV 800 von März 1951 bis Juli 1953 nur 4086 Kaufverträge ein.

„Seine Beschleunigungswerte, die durch das harmonisch abgestimmte Vier-Gang-Getriebe voll ausgenutzt werden, und die außerordentliche Wirtschaftlichkeit dieses modernen Transporters sind das Ergebnis planvoller Entwicklungsarbeit", diktierte Werbechef Plog in

*Kaum ein Grund, den Goliath-Händler zum Kauf eines GV 800 parat hatten: Das Dreirad war billiger, schleppte nicht weniger Last und verkniff sich die Kinderkrankheiten des großen Kollegen. Es blieb beim Flop.*

*Der unglückliche Vierradler erschien zur 1951er IAA – die Fachwerk-Version war freilich schon damals eine große Rarität.*

einen bunten Sechs-Seiten-Katalog von 1951, setzte sich damit aber dem Kopfschütteln der Kundschaft aus, die so ein Auto hatte. Die Käufer fanden den GV 800 – 16 PS, 486 Kubik, Zweitaktmotor in Unterflurbauweise liegend hinter der Vorderachse – nämlich ausgesprochen lahm. Das Fachblatt *Last-Auto und Omnibus* umriß den Tatbestand etwas diplomatischer: „... Man hat beim Goliath-Lieferwagen die übliche Tendenz hoher Spitzengeschwindigkeiten, die meist auf Kosten des Beschleunigungs- und Bergsteigevermögens geht, nicht mitgemacht... Er weist vielleicht nicht die rasante Beschleunigung auf wie Fahrzeuge mit 25 oder mehr PS, trotzdem ist er bei voller Beladung in 43 Sekunden auf seiner Höchstgeschwindigkeit", notierte Tester Richard Gebauer. Die Spitze lag bei 60 km/h. „Zwischen 30 und 55 km/h läuft der Motor erstaunlich laufruhig."

Allerdings fügten Tester Richard Gebauer und seine Kollegen ein paar Spitzen hinzu: Der Kühler des GV 800 sei recht klein geraten, so daß es sich empfehle, den Füllstand häufiger zu kontrollieren (!), „und das Fahrerhaus ist eine reine Blechkonstruktion ohne Innenverkleidung, (... und ...) nicht ganz dröhnfrei." Goliath stellte den Tatbestand später durch eine Gummilage zwischen Kabine und Chassis ab. Dafür aber hockten stattlich gewachsene Chauffeure mit schmerzenden Bandscheiben am Volant: „Die Sitze bestehen aus einer nicht gerade weichen Sitzbank und einer im rechten Winkel dazu stehenden Lehne (...) Wenn hier durch Verwendung von Schaumgummi etwas erreicht werden könnte, so würde das sicher begrüßt werden."

Wie sein Dreirad-Kollege war der GV 800 mit 30 verschiedenen Aufbauten erhältlich. Trotzdem machten die Goliath-Kunden auch

*Heiße Ware: sehr zeittypisches Goliath-Werksbild von 1951. Viele GV 800 landeten bereits nach vier, fünf Jahren auf dem Schrott.*

dann noch keinen Gebrauch von ihrem Wahlrecht, als Goliath im Oktober 1952 den modifizierten GV 800 A vorstellte, mit 586 Kubikzentimeter Hubraum und 21 PS Leistung, die Goliath nach Werksmitteilung „durch Verbesserung der Kanalquerschnitte und Schlitzsteuerzeiten" erreicht hatte. „Günstigere Getriebeabstufungen" ermöglichten 75 km/h Spitze, ein verstärkter Rahmen stellte 850 Kilo Nutzlast sicher. Die Thermosyphon-Kühlung des Vorgängers machte einem herkömmlichen System mit Wasserpumpe Platz, der Radstand wurde um vier Zentimeter verlängert. Andere Sitze und – auf Wunsch – Öldruck- statt Seilzugbremsen sollten den Vorsprung der Konkurrenz verkleinern.

Vergebens: In Bremen parkten sich unverkäufliche GV 800 A schon im Herbst 1953 die Pneus platt. Am 10. September 1953 lockte Goliath seine Händler per Rundbrief mit einem Sonderrabatt von 200 Mark pro Fahrzeug: „Wir haben noch eine große Anzahl von Hoch- und Tiefladern in den verschiedensten Farben sofort ab Werklager lieferbar stehen. Täglich kommen aus aktueller Fertigung weitere Fahrzeuge dazu..." In den letzten Monaten habe sich der GV 800 A gut verkauft und sei einwandfrei in Ordnung, „ja sogar fast reklamationsfrei", bleuten die Bremer ihren Händlern („Vertraulich!") ein. Und knallten dann prompt mit der Peitsche: „Wir werden das neue Modell erst zur Auslieferung bringen, wenn wir unsere Lagerbestände restlos verkauft haben!"

Es dauerte wohl etwas länger: Erst Ende Oktober 1953 standen die ersten Goliath Express beim Händler. Zu spät für den nennenswerten Markterfolg im Kampf gegen VW und Tempo? Offenbar schon: Denn obwohl der neue – frontgetriebene – Goliath-Trans-

***Heute ist der 800er ein seltenes Stück – in Deutschland ist keiner mehr zugelassen!***

Regina
WÄSCHEVERLEIH
BERLIN-REINICKENDORF 1 · PROVINZSTR. 57
JOACHIM

ALFRED KRAUTHAHN
GOLIATH
Herrn Gillmann
1000.
Goliath-Wagen

porter mit seinem modernen Design überraschte und sich auf der mechanischen Seite als Technologie-Träger profilierte, fuhr Goliath auch mit dem Express an der Publikumsgunst vorbei.

Goliath hatte, die erhöhte Konkurrenzfähigkeit im Blick, auf High Tech gesetzt. Als erster und einziger Transporter seiner Klasse besaß der Express einen Zweitaktmotor mit Kraftstoffeinspritzung. Die Bremer Techniker hatten das Triebwerk – 700 ccm, 29 PS – ursprünglich für den Mittelklasse-Pkw GP 700 entwickelt, der mit seinem Zweizylinder-Zweitakt-Triebwerk gegen den VW Käfer antrat. Die Entwickler – unter der Regie von August Momberger, einem ehemaligen DKW-Mann – gehörten damit (neben Gutbrod und Mercedes-Benz) zu den Pionieren der Kraftstoffeinspritzung; das mechanische System war 1952 in Zusammenarbeit mit Bosch entwickelt worden. Allerdings litten die frühen Einspritzer unter dem Hang zur Dampfblasenbildung im Kraftstoffsystem: Im Sommer wurde es den E-Modellen gern zu warm, sie stellten abrupt ihren Dienst ein und harrten der Abkühlung. Was wiederum die Skepsis konservativer Käufer weckte, obwohl Goliath mit einem Durchschnittsverbrauch von nur 7,3 Litern Gemisch auf 100 km lockte. Benzin und Öl wurden allerdings nicht an der Zapfsäule gepanscht, sondern getrennt getankt.

Goliaths Express lag mit seinen 29 PS auf klassenüblichem Leistungslevel: Volkswagen hatte seinem Transporter gerade die 30-PS-Maschine spendiert, aber Tempos 1000er Matador begnügte sich bis 1955 mit 26 PS, und der DKW Schnellaster kämpfte mit 25 Einheiten (aber nur bis 1954 – dann erschien das kurzlebige 30-PS-Zweizylindermodell). Goliaths Express zählte sicherlich zu den agileren Vertretern der Zunft: Die Höchstgeschwindigkeit lag bei 90 km/h – ein VW Export, damals das Maß der Dinge im Pkw-Bereich, war 1953/54 gute 110 km/h schnell. „Er fährt sich wie ein Pkw!", titelten die Goliath-Werber in ihrem aufwendig gestalteten Kunstdruck-Katalog von 1953.

Das schien nicht übertrieben zu sein. Nicht nur der 29-PS-Motor war den Personenwagen-Modellen vom Bremer Osterdeich entnommen worden, sondern auch die Fahrwerkselemente (vorn Quer-, hinten Längsblattfedern), die serienmäßigen Öldruckbremsen und sogar das Armaturenbrett (!). Allerdings wirkte das rötlich-braune Bakelit-Instrumentarium im Transporter etwas improvisiert; die Instrumente standen im Verhältnis zur Sitzposition ungünstig steil. Dafür wirkte der Express für seine Preisklasse recht wohnlich – als einziger Transporter der Eintonner-Klasse empfing er seinen Fahrer nicht mit knallhartem Blech-Ambiente.

Wie beim Vorgänger und den Dreirad-Modellen bildete ein Chassis aus zwei U-förmigen Längsträgern mit eingeschweißten Quertraversen das Rückgrat des Express. Zusammen mit Frontantrieb und Unterflurmotor hinter der Vorderachse realisierte Goliath damit eine Art Triebkopf, die als Basis für unterschiedlichste Sonderaufbauten dienen konnte. Die Bremer Werbestrategen versäumten beim Kastenwagen – mit scharfem Blick nach Wolfsburg – nicht, auf die 105 Zentimeter breite Express-Hecktür und die niedrige Ladekante hinzuweisen…

Goliath lieferte den Express zum Serienbeginn im Herbst 1953 mit Hoch- und Tiefpritsche, als Kastenwagen oder Kombi (mit Hecktür und rechter Doppeltür im Aluminiumaufbau). Die Nutzlast lag jeweils zwischen 940 und 980 Kilogramm. Die Preisliste verrät den scharfen Blick auf den großen Konkurrenten VW: 6400 Mark kostete der Kastenwagen aus Wolfsburg, 6530 Mark verlangte Goliath für das Bremer Pendant. Im Jahr 1954 setzte VW aber den Rotstift an – plötzlich trennten die beiden Rivalen etwas über 500 Mark. Zu Ungunsten des Borgward-Produkts…

Für 5750 Mark hielt Goliath die Basis für die Arbeit der Karosserieschneider bereit: ein Chassis mit grundiertem Fahrerhaus. Auf dieser Grundlage entstand eine eher bescheidene Anzahl von Sonderaufbauten, unter anderem einzelne Krankenwagen, Bestattungsfahrzeuge, Verkaufswagen, Kofferaufbauten oder auch ein Sattelschlepper-Unikat des Bremer Karosseriewerks Bunge.

Nur ein einziges Mal konnte Goliath – zum Jahresanfang 1955 – den ganz großen Deal im Fuhrparkgeschäft landen: Die Bremer Spedi-

***Der Goli, hier als Kastenwagen, lief bis 1961 – er war Deutschlands letzter Dreiradtransporter in Serienfertigung.***

**Abbildung links oben:**
***Ärmliches Image? Mit eleganter Lackierung wurde selbst der kleine Goli zum Beau: Der cremefarbene Kofferwagen transportierte 1956 Mietwäsche durchs westliche Berlin.***

**Abbildung links unten:**
***Kein Gag-Foto, sondern legaler Auto-Alltag von 1955: Huckepack transportierte der Berliner Goliath-Haupthändler Krauthahn seine fabrikneuen Transporter aus Bremen über die Transit-Autobahn! Die abenteuerliche Methode muß sich ganz gut bewährt haben; auf dem Foto nimmt der Krauthahn-Fahrer seinen Geschenkkorb zum 1000sten überführten Goliath entgegen.***

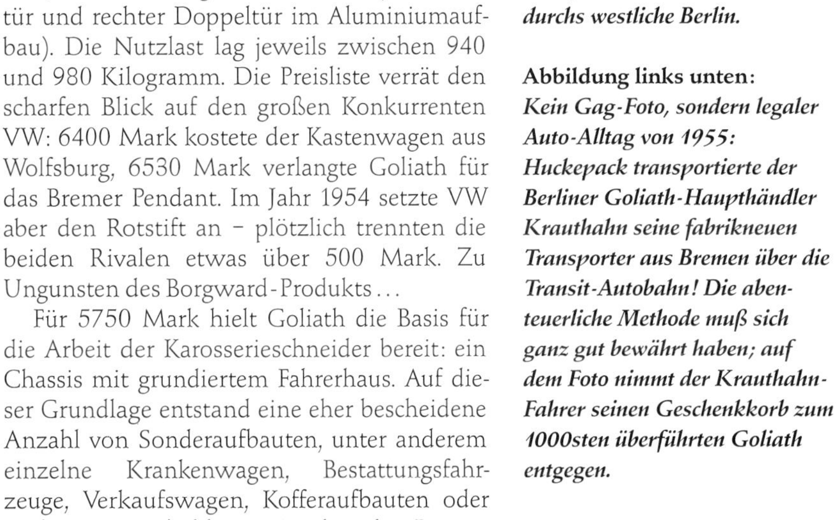


***Die Bremer Sparkasse bewies Lokalpatriotismus: Ihre fahrbare Außenstelle entstand 1954 auf Basis des Zweitakt-Express.***

*Unter dem bürgerlichen Image der Dreiräder litt die ganze Sippe – dabei war der Express, gerade mit 1100-Kubik-Wasserboxer, ein wohlgeratener Vertreter seiner Art. Mit der Volkswagen-Preispolitik konnte Borgward freilich nicht mithalten – Goliaths Transporter fuhren ins Abseits.*

tion Franz Rammelmann erwarb auf einen Schlag 280 Express-Einheiten, ließ den Frontlenkern kantige Aluminium-Kofferaufbauten verpassen und vermietete ihre Flotte für ein Jahr an die Lever-Sunlicht-Company, die in Deutschland ihr neues Waschmittel Sunil auf dem Markt einführte. Sunil schickte Rammelmanns Karawane zu Einzelhandelsläden in ganz Deutschland. „Durch diesen Großeinsatz unserer Express-Fahrzeuge bei einem Weltunternehmen sind uns Möglichkeiten eröffnet, mit einwandfreien, gewissenhaft durchgeführten Kontrollen über die Wirtschaftlichkeit eines jeden Wagens die Bestätigung über die Rentabilität und Zuverlässigkeit unseres Typs Express zu erreichen!", schrieb Goliath-Verkaufsförderer Kurt Hallerstede im Frühjahr 1955 seinen Händlern, und Pressechef Erwin Plog ließ Tausende von Schwarzweißfotos mit Sunils Goliath-Karawane an die Tagespresse verschicken. Die Fahrzeuge blieben übrigens nicht in Unilever-Diensten, sondern gingen Ende 1955 im Paket an Goliath zurück, wurden umlackiert, teilüberholt und über das Goliath-Händlernetz in Privathand verkauft.

Ansonsten lief der Verkauf des Express recht schleppend an: 1954 lieferte Goliath 2212 Express aus, im Jahr darauf waren es 600 mehr. Für brauchbare Marktanteile sollte das nicht reichen, obwohl Volkswagen sein Hannoveraner Transporterwerk noch nicht fertiggestellt hatte und beachtliche Lieferfristen produzierte. Von 1956 an lieferte Branchenriese VW aber eine Express-Jahresproduktion in nur zwei Wochen aus…

Obwohl Borgwards Kalkulatoren der Rotstift hätte abbrechen müssen, investierte der Bremer Einzelunternehmer in die Modellpflege seines Eintonners. Im Juni 1955 präsentierte Goliath die „Luxus-Bus"-Version des Express, einen Achtsitzer, der in Stil und Ausstattung auf Volkswagens Samba-Bus zielte. Für 8070 Mark hob sich der Expreß von seinen pragmatischen Brüdern mit seinem 1,44 Meter langen Golde-Dach, Dachrandverglasung, „rautenförmig abgesteppten Acella-Stoffbespannungen an den Seitenteilen" (Goliath-O-Ton), Kunstlederpolstern, Gummimatten auf dem Boden, elfenbeinfarbenem Lenkrad und – auf Wunsch – Zweifarbenlackierung ab. Auf Wunsch lieferte Goliath den Express auch als Zehnsitzer (Mehrpreis 280 Mark) und mit verchromtem Dachgepäckträger (275 Mark).

Express 1100
GOLIATH
HB-CH 107

Goliaths Edel-Laster war sauber verarbeitet und fast 400 Mark billiger als Volkswagens Samba-Bus, fuhr aber trotzdem Verluste ein: Nur etwa 500 Luxus-Busse lieferten die Händler aus. Ein einziger Überlebender war Ende 1995 noch bekannt: Seine rustikalen, aber prinzipiell noch restaurierbaren Überreste tauchten auf einem Bauernhof in Ohio (!) auf.

Bereits im September 1955 informierte Goliath die Fachpresse über das Erscheinen des Express 900 E, dessen 40 PS starker Zweizylinder-Zweitakt-Motor wiederum dem leistungsstärksten Goliath-Personenwagen entstammte. Goliath versprach einen Normverbrauch von 7,9 Litern, den Spurt von null auf 80 km/h in 35 Sekunden und 95 km/h Höchstgeschwindigkeit. „Der Goliath ist damit nicht nur einer der schnellsten und lebendigsten, sondern auch einer der wirtschaftlichsten Kleinlaster geworden", schrieb *Last-Auto und Omnibus* zur Premiere. Zu den preiswertesten Vertretern seiner Klasse gehörte er aber mit 6200 Mark für die Pritschenversion nicht mehr. Die Verkäufe stiegen dementsprechend nicht an, sondern pendelten sich auch 1956 bei etwa 2700 Fahrzeugen ein.

Goliaths größtes Problem war in diesen Tagen der Zweitakt-Motor, dem der Ruf der

***Im Bremer Karosseriewerk Bunge entstand um 1955 dieser Express-Sattelschlepper – es blieb beim Unikat.***

Labilität und – bei Vollast – Unwirtschaftlichkeit anhaftete. In der Tat reichte seine Standfestigkeit nicht an Volkswagens Boxer heran, ein Problem, das dem Bremer Hersteller auch im Segment der Mittelklasse-Personenwagen begegnete. Der Goliath 1100 erschien deshalb im März 1957 mit wassergekühltem Vierzylinder-Viertakt-Boxermotor, einer Neukonstruktion mit Alu-Gehäuse, -köpfen und 40 PS Leistung. Im Juni 1957 profitierte davon auch der Express, der nunmehr den Beinamen 1100 trug. Endlich paßte der Motor – er saß nun nicht mehr hinter, sondern vor der Vorderachse – zum modernen Äußeren des Bremer Eintonners, dessen Preis – Basis-Pritsche: 6330 Mark – freilich noch immer etwas über der Konkurrenz lag. Die hieß in diesem Fall nicht nur VW (ab 5975 Mark) oder Ford, sondern auch Tempo, wo es für knapp 6000 Mark den Wiking Rapid mit 32 PS und 860 Kilo Nutzlast gab.

Noch ein Handicap addierte sich zu Goliaths Verkaufsbemühungen: Das Pkw-Geschäft wie auch der Express-Absatz litten täglich etwas heftiger unter dem ärmlichen Dreirad-Image. Die Bremer Marketing-Männer bekämpften den Image-Mief zwar mit einem neuen Label für die Viertakt-Pkw, die

*Im Juni 1957 erhielt der Express den Goliath-1100-Motor – das aufwendig gebaute 40-PS-Aggregat machte die Transporterproduktion nicht eben rentabler.*

von August 1958 an als Hansa 1100 in den Läden standen. Sie mußten aber – auf Borgwards Geheiß – den Express weiterhin unter Goliath-Flagge anbieten, obwohl er formal sehr gut ins Programm des Mutterhauses gepaßt hätte, das mit den 1957 vorgestellten Frontlenker-Typen B 1500 / F um Marktanteile im Segment der leichten Lastwagen kämpfte. Borgward rang hingegen um die eigenständige Organisation seiner einzelnen Werke – was so weit ging, daß beispielsweise der Haus-Werbegrafiker des Goliath-Werks nicht für die Lloyd Motoren Werke arbeiten durfte.

Erst als es 1960 zu ernsten wirtschaftlichen Problemen in der Borgward-Gruppe kam, ordnete der Autobauer die ersten Umstrukturierungen an. Ab Oktober 1960 war der Express auch über das Borgward-Händlernetz zu beziehen und trug den Familiennamen des Stammhauses, nicht aber den Rhombus, der traditionell den Bug der Borgward-Produkte zierte. Ein Testwagen, mit dem Anfang 1961 die Redaktion von *Last-Auto und Omnibus* unterwegs war, war zwar als Borgward Express 1100 angekündigt, trug überm Kühler aber noch den Goliath-Schriftzug. Für eine gewisse Halbherzigkeit spricht auch, daß der Express weder in der Pressearbeit des Stammwerks noch in Nutzfahrzeug-Prospekten des Hauses Borgward auftauchte.

Ansonsten blieb es bei der letzten Modellpflege vom Juni 1957: Der Express war ein ausgereifter, praxisnaher Vertreter der Eintonnerklasse geworden, was die Kundschaft aber offensichtlich nicht registrierte. Der Verkauf von 13 763 Express aller Baureihen blieb deutlich hinter den Talenten des Borgward-Produkts zurück.

Und die Dreiräder? Selbst die Händler schienen sie Ende der 50er Jahre in die hinteren Ecken ihrer Höfe verdrängen zu wollen. Neben einem schnieken Hansa 1100 Coupé nahm sich der Goli im Neonlicht des Schauraums wie ein Rufmörder aus. Zumal selbst aufwendige Werbebrief-Aktionen, wie sie die Goliath-Verkaufsförderer favorisierten, ins Leere liefen: Die Verkäufe waren nach einem Zwischenhoch – fast 3000 Einheiten im Jahr 1956 – beständig abgesackt. „Auch der Goli gehört nach wie vor zum Goliath-Verkaufsprogramm! Leider wird das von allzu vielen Händlern oft vergessen. Manche Verkäufer finden es unter ihrer Würde, sich intensiv mit dem Verkauf des Goli zu beschäftigen und verfallen dabei in den Irrtum, mit dem Goli sei kein Geld zu verdienen“, klagte Prokurist Fiedler in einem Händlerrundschreiben vom März 1960. Ganze 784 Dreiräder brachte das Hastedter Werk in diesem Jahr noch an den Mann, der sein Geld in 80 Prozent aller Fälle im Lebensmittelhandel oder Baunebengewerbe verdiente, wie Goliath ermittelt hatte.

Die Zeit der Dreiräder war eigentlich schon zu Ende, als Goliath im Juni 1955 den GD 750 in Rente geschickt und statt dessen den Goli präsentiert hatte. Tempo stellte im Jahr darauf die Produktion ein – der Markt war nicht mehr aufnahmefähig genug für zwei Anbieter, zumal Goliath die optimierte Transporter-Generation zum alten Preis von 3500 Mark anbot (plus 115 Mark Aufpreis für das nun obligatorische Reserverad).

Im Vergleich zu den altbackenen Tempo-Produkten Boy und Hanseat hatte Goliath einen durchaus dynamischen Dreirad-Entwurf auf die Räder gestellt: Die Motorhaube wirkte stromlinienförmig gestreckt, am Bug glitzerten Chromstreben und die Bremer Stadtflagge, seitlich prunkte ein modern wirkender Goli-Schriftzug - der Stil der neuen Dreirad-Generation wirkte, so priesen damalige Tester, zeitgemäß und repräsentativ. Kommod ging es – gegenüber dem kargen Ambiente des GD 750 – auch in der Kabine zu: Die Insassen nahmen auf einer breiten, kunstlederbezogenen Sitzbank Platz und blickten auf das gut bestückte Bakelit-Armaturenbrett des Express, das gegen Mehrpreis mit Zeituhr und Autoradio (!) bestückt werden konnte.

Das technische Layout der Goliath-Dreiräder hatte sich nicht verändert: U-Profil-Rahmen, Starrachse an Blattfedern, vorderer Schwingarm, Öldruckbremsen – nur den Zweizylinder-Motor hatten sich die Goliath-Techniker, von denen viele überzeugte Anhänger des Zweitakt-Gedankens waren, gründlich vorgenommen. Das neue 493-ccm-Triebwerk trug im internen Gebrauch das Kürzel GM 500 L – L wie luftgekühlt. Leider erwies sich das 17-PS-Aggregat als thermisch heikel, weshalb Goliath im Sommer 1957 einen komplett überarbeiteten Zweitakter mit Wasserkühlung nachschob, der aus 461 Kubik noch 16 PS schöpfte. Das reichte immerhin, um dem Standard-Goli satte 750 Kilo in den Nacken zu wuchten. Bei verstärkter Bereifung (6,70-13 Extra-Transport statt serienmäßiger 6,40-13, 148 Mark Aufpreis) durften es gern auch 900 sein, ab 1956 sogar 950 Kilo, die auf Hoch- oder Tiefpritsche oder im Koffer- und Kastenwagen (mit seitlichen und hinteren Türen) verstaut werden konnten. Der Goli war damit

*Danach würden sich heutige Goliath-Fans alle Finger lecken: Leider ist weltweit nur noch ein Express-Luxusbus mit originalem Faltdach bekannt.*

gut 60 km/h schnell, was ihn schon Mitte der 50er Jahre speziell für den innerörtlichen Lieferverkehr prädestinierte.

Anfang Juli 1955 lieferte Goliath die ersten Golis als Stahlblech-Hochladerpritsche und Chassis mit Fahrerhaus aus. Wie beim GD 750 boten die Bremer drei Chassis-Varianten an: zweimal 2,95 Meter Radstand, einmal mit 1,40 oder 1,60 Meter breiter hinterer Spur; einmal 3,35 Meter Radstand und 1,60 Meter Spur. Anfang September 1955 durften Goliath-Stützpunkte die ersten Kaufverträge für Tieflader, Kasten und Koffer ausfüllen.

Bis zur Produktionseinstellung im März 1961, schon von Borgwards Sanierern angeordnet, liefen den Dreirädern immer mehr Kunden davon. „Steuer und Versicherung am Tag nur 71 Pfennig!“, hielt Goliath vergeblich dagegen: „Kleine Kosten, großer Nutzen! Goli garantiert Gewinn!“. Bestimmt nicht für die Borgward-Gruppe: 1573 Golis bauten die Bremer 1957, im Jahr darauf nur noch 1222 Einheiten. Aber Carl F. W. Borgward, der im Sattel seines Blitzkarrens über Land gefahren war, um Händler zu keilen, hielt an den Dreirädern fest – sicher nicht ohne Sentimentalität. 40 000 davon lieferte Goliath zwischen 1949 und 1961 aus.

Das Goliath-Werk produzierte noch bis in den Sommer 1961 den Express und die Hansa-1100-Typen, in einer Auflage von täglich 35 Exemplaren. Während des Konkursverfahrens schlief die Herstellung schließlich ein. Goliaths Dreiräder waren bereits Mitte der 60er Jahre aus dem Straßenbild verschwunden. Der rasende Wertverlust und die Angst um Ersatzteil-Nachschub besiegelten auch das Schicksal der Express-Exemplare – Endstation Schrottplatz. Zum Mythos durfte es dagegen ein Borgward-Produkt bringen, dessen Karriere die Dreiräder zweifellos mitfinanzierten: die Isabella.

*„Seine elegant gegliederte Karosserie wird höchsten Ansprüchen moderner Formgebung gerecht“, dichtete Goliath zu diesem 1955er Werksbild. Der Bulli war weniger grazil, aber eben billiger!*

*Von der Sonne verwöhnt: 1957 eröffnete Goliath eine Dependance in Kalifornien – und verkaufte überm Teich nicht nur Personenwagen, sondern auch ein paar hundert Express-Exemplare wie diesen Luxusbus.*

## Tips für Goliath-Interessenten

Der Zusammenbruch der Borgward-Gruppe im Sommer 1961 sorgte für ein rasantes Sterben der Nutzfahrzeug-Modelle: Bereits Ende der 60er Jahre waren Goli, GD 750 oder Express im Ersatzteil- und Reparaturgeschäft kein Thema mehr. Konsequenz: Wer heute einen völlig maroden Goliath birgt und restaurieren will, stößt auf handfeste Nachschub-Probleme. Sofern er überhaupt einen findet: Express und GV 800 zählen zu den ausgerotteten Arten der Transporter-Szene: Fünf oder sechs Express sind hierzulande erhalten; erstaunlicherweise taucht ab und an mal einer in den Vereinigten Staaten auf. Der GV 800 ist in maximal drei Exemplaren erhalten, davon hatte 1995 kein einziger eine Straßenzulassung.

Etwas besser sieht's bei den Dreirädern aus: Anfang der 90er Jahre gab es laut Kraftfahrt-Bundesamt noch immerhin 136 zugelassene Exemplare. Leidlich erhaltene Golis werden immer mal wieder offeriert, kosten zwischen 5000 und 15 000 Mark, sollten aber mindestens original und komplett erhalten sein. Schwierig wird's bei Blech- und Zierteilen, und auch das empfindliche, arg bruchgefährdete Armaturenbrett sollte in rißfreiem Zustand sein. Technik-Teile werden gelegentlich noch angeboten, aber Vorsicht ist mit dem luftgekühlten GM 500L-Motor geboten: Die meisten Golis wurden – häufig schon als junge Gebrauchtwagen – auf das weniger heikle wassergekühlte Triebwerk umgebaut.

Seltener begegnen Kaufinteressenten einem GD 750. Bei diesen Modellen ist die Zeit der Zufallsfunde praktisch vorbei: Der 750er wird heutzutage meist in restauriertem Zustand angeboten; Preis bis 20 000 Mark. Generell gilt, daß die Dreiräder fast nur als Pritschenwagen überlebt haben. Kasten- und Kofferversionen oder sogar der urige Woody sind als außergewöhnliche Glücksfälle zu verbuchen (und nur sehr schwer zu restaurieren). Die Goliath-Szene ist im übrigen recht überschaubar: Es gibt einen Markenclub (Goliath-Register, Wolfgang Stutzer, Grabenstraße 80, 46537 Dinslaken), in dem etwa 150 Goliath-Besitzer mit allen Modellen, zumeist aber Personenwagen, erfaßt sind. Wer ein Goliath-Dreirad sucht, kann über das Register eventuell Adressen verkaufswilliger Besitzer erhalten.

**Abbildung rechts:**
*Gut, der Goliath GV 800 war ein Flop – aber der aufwendig gemachte Prospekt von 1951 ist ein kleines Kunstwerk.*

W. HEIDMANN
Auch für Deine Branche

**Mehr**
**als ein neuer LLOYD**

**Mehr**
**als ein weiterer**
**Kombiwagen**

**Mehr**
**als die Fortentwicklung einer tausendfach bewährten Form**

**Der**
**Großraum PKW**

ein neuer Fahrzeugtyp, gekennzeichnet durch die Begriffe: geräumig u. bequem So wie der Raum den Nutzungswert bestimmt, ist auch die Fahrbequemlichkeit ein Merkmal für die Güte eines Autos. Großzügigkeit im Raum, gediegene Ausstattung u. Bequemlichkeit für alle Insassen - das sind die hervorragenden Merkmale des LLOYD LT 500. Mehr als einmal um die Erde fuhren die Versuchswagen, bis dieser neue LLOYD - vom Fachmann schonungslos erprobt - die ausgereifte Form fand, die hohe Ansprüche befriedigt

# Theodor, der Trendsetter

## Lloyd LT 500/600: Deutschlands Ur-Van

Die Lloyd Motoren Werke, 1949 gegründet und 1961 im Borgward-Konkurs untergegangen, sind ein vergessener Pionier der Nutzfahrzeugbranche. Als erste deutsche Marke definierten die Kleinwagenbauer aus der Bremer Neustadt den Gedanken des Vans: Anfang 1953 sprachen sie davon, nicht nur einen Transporter, sondern einen „Großraum-Personenwagen" kreiert zu haben.

Lloyds LT-Typen waren – von Handling und Größe her – keine Nutzfahrzeuge im volkstümlichen Sinn. Lloyd suchte seinen Platz in der Marktnische, die sich zwischen Kombis auf Pkw-Basis und der Ein-Tonner-Transporterklasse aufgetan hatte.

Zwangsläufig griffen die Bremer Entwickler also zur Technik der eigenen zweitaktenden Kleinwagens, stülpten dem Lloyd-Chassis aber eine neue Karosserie im XXL-Format über. Lloyd bot den LT nicht nur als Transporter und Pritschenwagen an, sondern auch als Wohnmobil und Siebensitzer: ein Urahn der heutigen Idee vom multifunktionalen Familienauto.

Lloyds Vorteil war, auf Traditionen pfeifen zu dürfen. Borgwards jüngste Marke, von jungen Mitarbeitern geführt, durfte sich ein eigenes Marktsegment erschließen. Im Gründungsjahr 1950 mußte Lloyd nicht – wie beispielsweise DKW – für eine treue Vorkriegs-Kundschaft konstruieren. Trotzdem oder gerade deswegen landete Automobil-Tycoon Carl F.W. Borgward mit dem ersten LP 300 einen Markterfolg: Das Auto war zwar primitiv gefertigt, versprach aber Platz für vier Erwachsene und unschlagbar günstige Fixkosten. Borgward bot den LP 300 für 3334 Mark an; ein Standardkäfer war rund 2000 Mark teurer. Ganze 98 Mark sollte der Austauschmotor des Lloyd kosten, was motorisierungswilligen Mittelständlern über das markerschütternd jaulende Laufgeräusch des Zweitakt-Triebwerks hinweghalf. Die Karosserie des Lloyd 300 bestand aus Sperrholz, Filz und Kunstleder – was die damalige Lloyd-Klientel nicht vom Kauf abhielt, denn auf den gleichen Materialien hatte die Auto Union einst den Welterfolg der kleinen DKW aufgebaut.

**Abbildungen Seite 100:**
***Als hochglanzkaschierte Fotoprospekte noch kein Thema waren: Goliath-Grafiker Heidmann arbeitete nach Schwarzweiß-Fotovorlagen der Werksfotografen.***

**Abbildung Seite 101:**
***Seltene Erscheinung, selbst für Insider der Transporter-Szene: Lloyd LT Langversion, Baujahr 1958 – und dann noch perfekt restauriert!***

**Abbildung linke Seite:**
***Ein Werbetexter als Prophet: „Mehr als ein weiterer Kombiwagen, mehr als die Fortentwicklung einer tausendfach bewährten Form – der Großraum-Pkw". Heute heißt so etwas Van; die Lloyd-Leute hatten mit dem LT 500 schon 1952 den Urahn der Großwagen-Gattung im Programm.***

***Lloyd LT 600, Modelljahr 1959: Ein sachliches Auto für sachliche Menschen – aber das Gros der Großfamilien kaufte lieber die Arabella mit viel Chrom und spitzen Flossen.***

3 Räder helfen verdienen

GOLIATH
GOLIATH
R512-427
Express

HH-V 2647

*Lloyd LT 600, die Stretch-Version: 1957 kam der Theodor mit 50 Zentimeter längerem Radstand – mehr Platz fürs Geld bot kein Konkurrent.*

Im Dezember 1952 stellte Lloyd den LT 500 vor, ebenfalls mit Holzkarosserie – nur dem Bug des traurig blickenden Autos war eine Ganzstahl-Konstruktion vergönnt. Lloyd hatte für den 400er und den LT eine neue Motorengeneration mit 13 PS aus 486 Kubik entwickelt, einen luftgekühlten Zweizylinder-Zweitakter, der quer vor der Vorderachse mit einem Leergewicht von 597 Kilo kämpfte. Während der 400er-Pkw schon Mitte der 50er Jahre seinen Ruf als Schlangenstifter weg hatte, durften dem LT noch 500 Kilo Nutzlast zugemutet werden. Lloyd versprach 60 km/h Dauergeschwindigkeit.

Lloyds Kleintransporter war zeitgemäß karg geraten: Es gab weder Sonnenblenden noch einen Aschenbecher; einfache Schiebefenster in den vorderen Türen stellten nur ungenügende Belüftung sicher; im Winter hustete die Heizung nur einen lauwarmen Hauch ins Cockpit; und die gut drei Meter lange Holzkarosserie bot dem Zweitakt-Sound des 13-PS-Motors reichlichen Resonanzraum. Das Armaturenbrett war eine Preßholzkonstruktion mit Einzeltacho und großem Ablagefach – immerhin verbreitete die dunkelbraune Holzmaserung einen Hauch von Heimeligkeit. „Ein sehr sachliches Auto für sachliche Menschen“, schrieb *mot*-Tester Paul Simsa 1959 über eine spätere Evolutionsstufe des LT, der im Werks-Jargon den liebevollen Rufnamen „Theodor“ bekommen hatte.

Im wirklichen Leben war die simple Struktur des LT kein Erfolgshindernis. Lloyd konnte billige Wartungskosten versprechen, die überschaubare Technik bot sich außerdem zum Selberschrauben an. 4375 Mark waren für den Pritschenwagen zu bezahlen, der aber recht rar blieb, 4475 Mark für den Kastenwagen, 200 Mark mehr für die Sechssitzer-Variante – Lloyd lag damit über der Goliath-Dreirad-Konkurrenz aus dem gleichen Konzern, vermittelte aber das damals so begehrte Pkw-Gefühl: Anders als die Dreiräder mit ihrem blechernen Nutzfahrzeug-Ambiente bot sich ein LT auch als urlaubs- und wochenendtaugliches Familien-Vehikel an. Für viele LT-Kunden war der Über-Lloyd – gerade in den frühen 50er Jahren – das erste Auto überhaupt. Der LT 500 kostete 1953 ganze 72 Mark Jahressteuer und 90 Mark Versicherung.

Wie gut der LT um die Gunst mittelständischer Handels- und Gewerbetreibender kämpfte, zeigen die Verkaufszahlen von 1953 und 1954: 3126 und 4489 Exemplare – damit hatte Borgwards jüngstes Transporter-Produkt die hauseigenen Rivalen von Goliath mit Abstand hinter sich gelassen. Überhaupt wurde bei Lloyd damals hartes Geld verdient, 1955 schob sich das junge Kleinwagen-Label für kurze Zeit sogar auf Platz 3 der deutschen Zulassungsstatistik. Dem LT war derweil maßvolle Modellpflege vergönnt: Mitte 1954

*Nackt wie der Mond: Der Fahrer blickte auf heimeliges Holzdekor, drei einsame Schalterchen und den kleinen Tacho. Komfort-Details? Nicht mal gegen Aufpreis.*

streifte Theodor die Sperrholzbeplankung ab und legte Stahlblechflanken an. Unterm Blech blieb es allerdings bei einem hölzernen Fachwerk-Karosseriegerüst, das unverkleidet im Innenraum zu sehen war, und bis Juli 1957 fertigten die Lloyd-Leute auch das Dach aus kunstlederbezogenem Holz. Mit dem Blechdach kam 1957 auch ein vollsynchronisiertes Getriebe für Lloyds Halbtonner.

Schon im September 1955 waren dem Ur-Van sechs PS mehr vergönnt gewesen, unter der Haube orgelte ein luftgekühlter Viertakt-Twin, jenes Triebwerk, das Lloyd für den späteren Alexander entwickelt hatte. Jetzt war der Lloyd immerhin 700 Kilo schwer geworden und 85 km/h schnell, zudem hatte man die Nutzlast angehoben: 540 Kilo durften es beim Kastenwagen in Stretch-Version sein. Ab November 1956 boten die Bremer Kleinwagen-Konstrukteure das um 50 Zentimeter (!) verlängerte Chassis an, das bald überwiegend geordert wurde. Und auf Wunsch gab es nun – für 275 Mark – ein Faltschiebedach, das damalige Tester mit Nachdruck zum Kauf empfahlen. Die mangelhafte Be- und Entlüftung zählte zu Theodors Achillesfersen.

Ansonsten war der Mini-Van gegen Ende der 50er Jahre durchaus konkurrenz-, wenn auch nicht wirklich gesellschaftsfähig. *mot*-Tester Paul Simsa störte sich zwar an der herzhaften Federung und dem parallel-twin-typischen rauhen Laufgeräusch, er fand den Lloyd im damaligen Alltag aber keineswegs untermotorisiert. Mit dem Fehlen „mittelklassetypischer Extras" müsse man bei einem Kaufpreis von 4758 Mark für den Sechssitzer leben, befand er im Frühjahr 1959, wünschte sich aber zur Belüftung „... vielleicht leicht herausnehmbare Seitenfenster".

Wer sollte sich 1959, als in der Kleinwagenklasse schon Heckflößchen wucherten und bonbonfarbene Zweifarbenlackierungen in Mode kamen, den Bremer Pragmatiker kaufen? „Idealer Einsatz, von Lieferwagen-Zweken abgesehen, für größere Familien auf dem Lande, für Campingfans und Leute, die aufs Repräsentieren pfeifen, wenn Urahne, Großmutter, Mutter und Kind ohne Gequetsch zu befördern sind." Das reichte nicht zum echten Durchbruch.

Der deutsche Markt war Ende der 50er Jahre noch nicht ganz reif für Van-Sinn, anders als etwa in Italien, wo Fiat seinen Multipla erfolgreich unters Volk brachte. Aber Lloyd erschloß sich einen anderen Markt: Der

***Theodor: mach Platz! mot-Tester Dr. Paul Simsa packte 1959 eine Vespa ins LT-Abteil, um das Ladevolumen anschaulich zu dokumentieren.***

***Mach Sitz! Einzel-Sessel, in der modischen Kombination Kunstleder/Schottenkaro bezogen – Passagiere von gemäßigter Statur konnten sich im LT-Bus durchaus wohlfühlen.***

***Zweimal Made in Germany: Nach Singapur hatte es 1955 diesen LT verschlagen – er war für den örtlichen Kreidler-Importeur unterwegs.***

*Neon-Romantik: Die gepflegten Aufsteiger im Großraum-Lloyd waren natürlich eine hübsche Illusion der Werkszeichner. Ein LT beförderte im Normalfall Schweinehälften oder Schwarzweißfernseher.*

*Ein früher LT-Prospekt von 1953 – auch der Werbe-Stil folgte eher der Pkw- als der Nutzfahrzeug-Zielgruppe.*

*Schöner wohnen mit Lloyd: Der Restaurator dieses LT 600 baute sogar die originale Campingausstattung nach!*

HH-V 2647

*Lloyd-LT-Parade in Bremen, wahrscheinlich 1959: Der Pick-up (rechts) blieb hierzulande selten; die meisten gingen nach Amerika.*

*Für den amerikanischen Markt gab es den LT 600 mit hinteren Rammbügeln, den US-Bestimmungen entsprechend – und als Campingbus mit drei Schlafplätzen.*

LT ließ sich in Amerika absetzen! Leider sind keine genauen Exportzahlen überliefert, aber die Bremer müssen auf größere Geschäfte gehofft haben: Für den außerordentlich verlokkenden US-Markt hatte Lloyd 1959 eine Camping-Version des LT 600 entwickelt, für die es sogar einen eigenen, englischsprachigen Katalog gab.

Die Kleinwagen-Macher hatten den Camping-Theodor auf einer Fachmesse in New York vorgestellt und zum Jahrsende 1959 weitere 28 Camping-LT nach Amerika und Mexiko verschifft. „Der schlagkräftigste Vorzug besteht darin, daß sich die Campingausrüstung leicht und beliebig oft ein- und ausbauen läßt“, informierte die Lloyd-Händlerzeitschrift *Wir Lloyd-Leute* in ihrer Januarnummer 1960: „Damit wird der LT 600 zum echten Mehrzweckfahrzeug: Werktags wirtschaftliches Nutzfahrzeug, im Urlaub gemütlicher Wohnwagen.“

Für heutige Begriffe wäre der Wohn-Lloyd ein karger Camper: ein klappbarer Tisch, ein Schrank – aber immerhin eine Liegefläche für drei Erwachsene. Anfang der 60er Jahre lagen die Dinge anders: Für 898 Mark ließ sich die Camping-Ausstattung auch in ältere LT mit langem Chassis nachrüsten, und die gab es schon für um die 2000 Mark auf dem Gebrauchtmarkt. Für unter 3000 Mark ließ sich also ein brauchbares Wohnmobil zimmern – leider blieb Lloyd nicht mehr allzu viel Zeit, den gutbürgerlichen Wohn-Ausbau zu bewerben…

Denn zum einen war der LT-Verkauf 1960 ordentlich abgesackt: von 3200 Exemplaren im Vorjahr auf gerade noch 227 Einheiten. Und zum anderen hatte das Werk alle Hände voll zu tun, der neuen Arabella ihre Kinderkrankheiten auszutreiben. Außerdem war der LT schlicht zu karg, um auf dem boomenden Transporter-Markt bestehen zu können. Optisch erinnerte er an die überholte erste Transporter-Garnitur nach dem Krieg und hätte eigentlich ein ordentliches Facelift nötig gehabt.

Eine letzte Modellpflege datiert vom Januar 1960: Für 91,80 Mark Mehrpreis bot Lloyd endlich ausstellbare Seitenfenster an. 1961 bauten die Bremer noch einmal 300 Transporter, bevor der Sanierer das Fließband endgültig anhalten ließ – wahrscheinlich ging es ihm darum, noch vorhandene Restbestände aufzubrauchen.

Insgesamt ließ sich der LT fast 25 000 Mal verkaufen: Er war damit kein glückloser Vertreter der Transporter-Szene – und immerhin erschloß er ein Automobil-Konzept, das heute fraglos zu den aktuellsten Trends der Branche gehört.

*Spätes Extra: Ab 1960 lieferte Lloyd (bitter nötige) Ausstellfenster.*

*Evolutionsschritte: Mit einem Zweitakter begann's, 1955 zog der 600-Kubik-Viertakt-Twin in den rundlichen Bug des LT ein. Der 600er lief rauher als sein ventilloser Vorgänger, was Van-Piloten stärker nervte als Lloyd-Alexander-Besitzer: Die Holzfachwerk-Karosse des LT bot sich als großzügiger Resonanzraum an.*

## Tips für Lloyd-Interessenten

In Deutschland haben maximal 50 Lloyd LT in restauriertem oder restaurierbarem Zustand überlebt; die meisten sind aber nicht zugelassen, sondern parken in privaten Sammlungen oder Museen. Wer einen guten findet, vielleicht noch einen Sechssitzer in Langversion, sollte ihn kaufen: Er steht dann vor dem Urvater eines heute aktuellen Automobilkonzepts.

Technisch macht ein LT 600 – der 500er ist praktisch ausgestorben – meist keine Probleme, der Ersatzteilnachschub ist über den bundesweit aktiven Markenclub gut organisiert – die Adresse: Lloyd Freunde Nord, Reinhard Bodenburg, Hauptstr. 14, 31699 Beckedorf. Schwierig ist heute aber das Beschaffen von Blech- und Zierteilen und natürlich die Sanierung des hölzernen Karosseriegerüsts. Finger weg von morschen LTs! Die Preise liegen zwischen unter 1000 Mark (Schrott) und etwa 12 000 Mark für einen wirklich guten Sechssitzer, was – nebenbei bemerkt – die Restaurierungskosten nicht wirklich decken kann.

*Bis zum Produktionsstopp 1961 fertigte Lloyd seinen LT in Gemischtbauweise – was dem Ruf des clever konzipierten Autos nicht eben zuträglich war.*

HM-HL 210

M·A·N
Kundendienst
Schlepper
KUNDENDIENST
VOF-A 709

*Markenvielfalt? Kein Thema in der jungen DDR – Framo deckte den Markt der Kleintransporter ab, hier ein V 901/2 von 1957.*

**Abbildung rechts:**
*Ewiges Leben schien der Barkas B 1000 zu haben – ihn gab's zuletzt sogar als Viertakter („Mumie mit Herzschrittmacher").*

**Abbildungen links:**
*Notizen aus der Provinz: Weder Ostner (Bild oben) noch Manderbach überlebten die 50er Jahre – die gezeigten Exemplare dürften die letzten Überlebenden sein.*

*Ein Framo V 901/2, Baujahr '57*

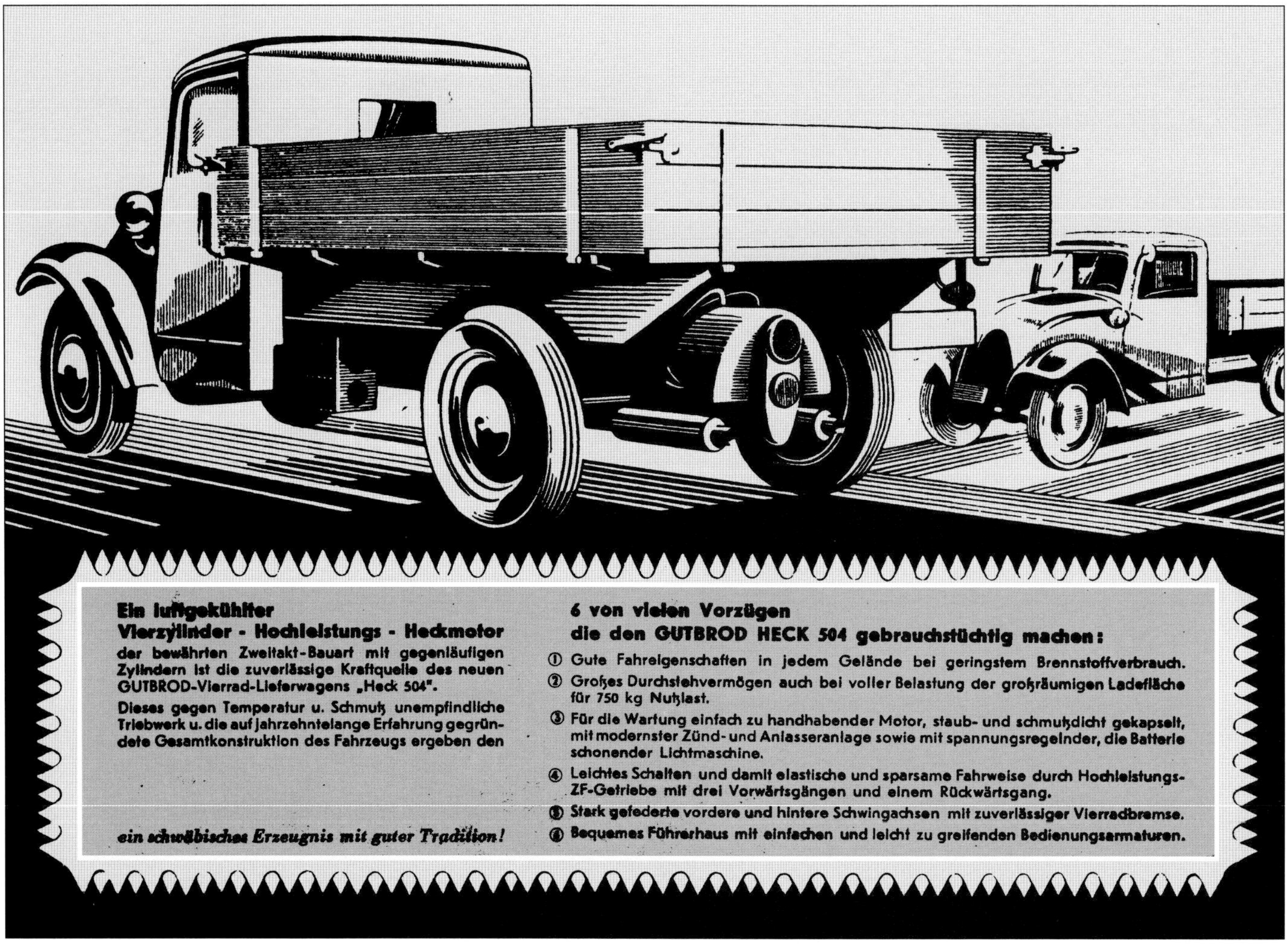
Ein luftgekühlter
Vierzylinder - Hochleistungs - Heckmotor
der bewährten Zweitakt-Bauart mit gegenläufigen Zylindern ist die zuverlässige Kraftquelle des neuen GUTBROD-Vierrad-Lieferwagens „Heck 504".
Dieses gegen Temperatur u. Schmutz unempfindliche Triebwerk u. die auf jahrzehntelange Erfahrung gegründete Gesamtkonstruktion des Fahrzeugs ergeben den
ein schwäbisches Erzeugnis mit guter Tradition!
6 von vielen Vorzügen
die den GUTBROD HECK 504 gebrauchstüchtig machen:
① Gute Fahreigenschaften in jedem Gelände bei geringstem Brennstoffverbrauch.
② Großes Durchstehvermögen auch bei voller Belastung der großräumigen Ladefläche für 750 kg Nutzlast.
③ Für die Wartung einfach zu handhabender Motor, staub- und schmutzdicht gekapselt, mit modernster Zünd- und Anlasseranlage sowie mit spannungsregelnder, die Batterie schonender Lichtmaschine.
④ Leichtes Schalten und damit elastische und sparsame Fahrweise durch Hochleistungs-ZF-Getriebe mit drei Vorwärtsgängen und einem Rückwärtsgang.
⑤ Stark gefederte vordere und hintere Schwingachsen mit zuverlässiger Vierradbremse.
⑥ Bequemes Führerhaus mit einfachen und leicht zu greifenden Bedienungsarmaturen.

# Ein Mann will nach oben

## Die kurze Erfolgsstory von Gutbrod Heck und Atlas

Ihre Chance lag in der Wendigkeit: Kleine Auto-Manufakturen, meist in Privathand, konnten Ende der vierziger, Anfang der fünfziger Jahre schneller auf Kundenwünsche reagieren als die großen Konzerne. Während die Auto Union aus Trümmern erstand, während VW erst einmal die enorme Pkw-Nachfrage zu decken hatte, Ford um Dollars aus Dearborn rang und bei Goliath in Bremen der Kriegsschutt aus dem Werk gekarrt wurde, griffen Klein-Hersteller – meist mit kurzem Atem – nach ihrer großen Chance. Gutbrod war eine dieser Marken, deren Erfolg sich einstellte, weil die Branchengrößen (noch) nicht in vollem Umfang liefern konnten.

Bei Gutbrod in Plochingen war schon in den dreißiger Jahren eine beachtliche Lieferwagen-Produktion unter dem Label Standard in Gang gekommen. Gutbrod, ein mittelständisches schwäbisches Familienunternehmen, baute zudem landwirtschaftliche Geräte, Motorräder und kleine Personenwagen. Der Transporter-Erstling aus Plochingen hieß Progress, ein Hinterlader-Dreirad mit 200-Kubik-Heckmotor, das 1933 in Serie ging. Es folgten drei- und vierrädrige Neuentwicklungen, etwa die Eintonner Merkur und Hermes – das gesamte Programm fiel 1939 jedoch dem Schell-Plan des NS-Regimes zum Opfer, der das Tempo-Dreirad A 400 zum Einheitsmodell deutscher Transporter-Hersteller kürte. Bis 1945 tröpfelte die Produktion des Exil-Hanseaten in Kleinserie weiter.

Firmenchef Wilhelm Gutbrod kämpfte vergeblich um das Überleben der Standard-Vierrad-Transporter, die speziell im süddeutschen Raum verbreitet waren: „Es kam ihm hart an, die von ihm als minderwertig betrachtete Tempo-Konstruktion mit Vorderradantrieb bauen zu müssen", notiert Gutbrod-Biograph Otfried Jaus in seinem 1994 erschienenen Buch *Neben den Großen*.

Erst nach Ende des Zweiten Weltkriegs nahm Gutbrod die Produktion der Hecktriebler wieder auf. Wilhelm Gutbrod erreichte 1946 die Genehmigung der amerikanischen Militärregierung, den Bau leichter Nutzfahrzeuge anlaufen zu lassen. Er war damit nach Tempo der zweite deutsche Hersteller, der versuchte, die enorme Nachfrage des Nutzfahrzeugmarktes zu befriedigen.

Obwohl er – als ehemaliger Rüstungsproduzent – sein Werk nicht mehr betreten durfte, trieb Einzelunternehmer Gutbrod die Weiterentwicklung der Vierrad-Typen voran: Sein Schreibtisch stand bis zu seinem Tod im Jahr 1949 bei Motoren-Zulieferer Hirth; Sohn Walter dirigierte währenddessen die Fertigung in Plochingen. Das Werk war von Kriegsbeschädigungen fast vollkommen verschont geblieben.

Der Gutbrod Heck 504, dessen Serienproduktion im September 1946 anlief, war ein karges Kind seiner Zeit: Form und technische Konzeption knüpften an das Vorkriegsmodell H 504 an; das Fahrerhaus mit freistehenden Scheinwerfern erinnerte an den Stil der frühen dreißiger Jahre, und der Heckmotor kauerte ohne Schutz vor Verschmutzungen unter der Ladefläche. Das Vierzylinder-Zweitakt-Aggregat, 12 PS stark, war ursprünglich als Hilfsmotor für Segelflugzeuge gedacht gewesen und erwies sich als wenig standfest – auf Wilhelm Gutbrods Schreibtisch regnete es anfangs Re-

**Abbildungen links:**
***Mit den Heck-Modellen war Gutbrod – neben Tempo – die einzige Transporter-Manufaktur, die bereits 1946 fabrikneue Fahrzeuge liefern konnte. Der Werbetext von 1946 preist „ein schwäbisches Erzeugnis mit guter Tradition".***

***Der Trick mit dem Knick: Blechfalz am Bug und die geteilte Frontscheibe verraten einen Null-Serien-Atlas von 1949.***

TÖRLGRAT
Gutbrod
SCHNELLTRANSPORTER
0,7-, 0,8- und 1-Tonner
IMMER AUF DER HÖHE

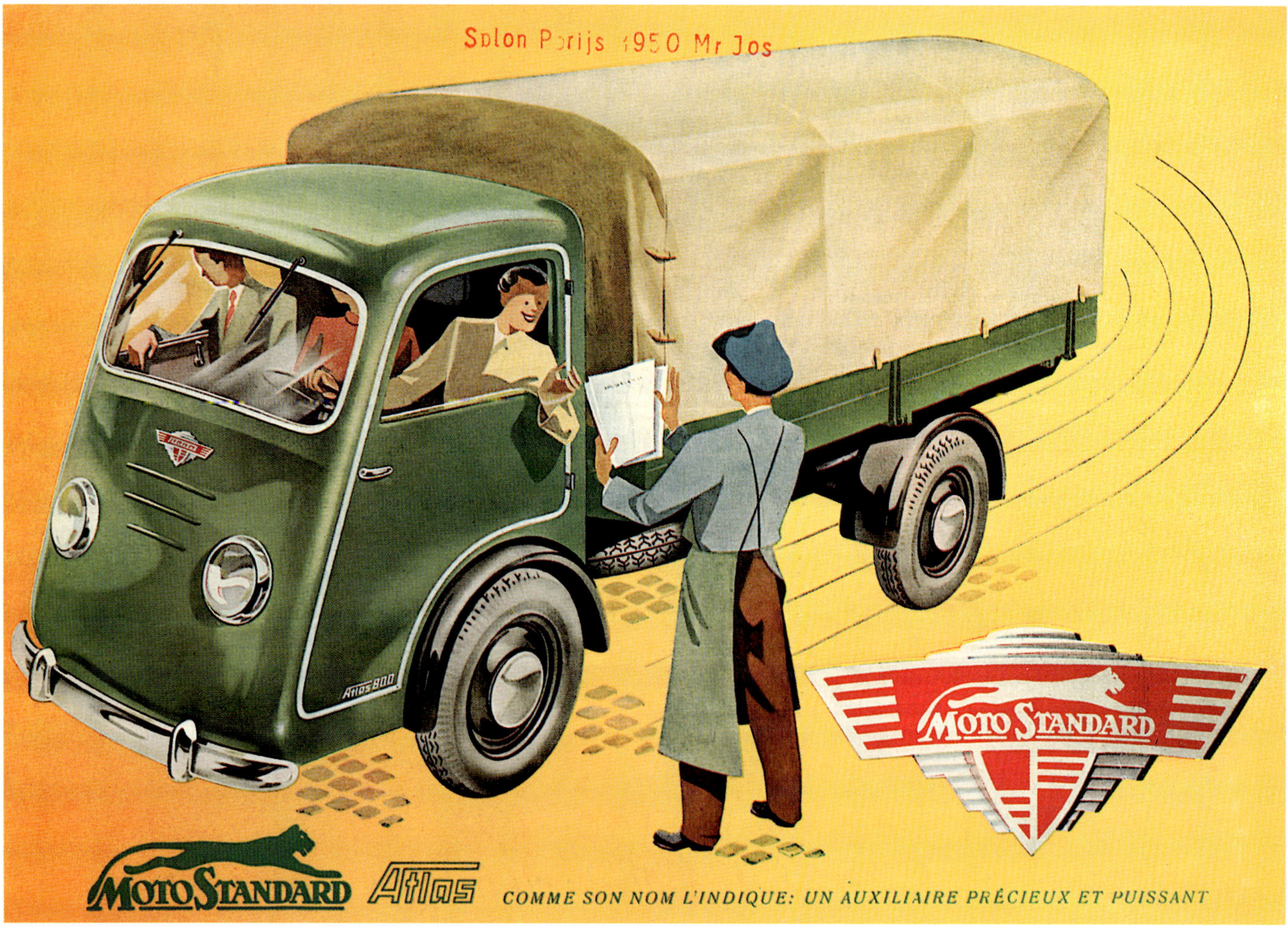
Salon Parijs 1950 Mr Jos
Atlas 800
MOTO STANDARD
MOTO STANDARD
Atlas
COMME SON NOM L'INDIQUE: UN AUXILIAIRE PRÉCIEUX ET PUISSANT

*Borstenvieh und Schweinespeck: Den Westfalia-Tiertransporter übernahm Gutbrod ins offizielle Werksprogramm.*

**Abbildungen linke Seite:**
*Gutbrod wollte hoch hinaus – der Weg zur erwachsenen Automobilfabrik endete im Abseits: „Immer auf der Höhe…"? Nach Frankreich exportierten die Schwaben unter ihrem Vorkriegs-Label Standard (Bild unten).*

klamationen wegen der thermischen Labilität des Motörchens. Erst im Oktober 1949 stand ein stabilerer Nachfolger bereit, ein 16 PS starker Zweizylinder-Zweitakter aus dem Konstruktionsbüro Schnürle in Stuttgart.

Da war der Zug für den antiquierten Heck-Lader, der jetzt H 604 hieß, freilich schon abgefahren: Gutbrod hatte einen modernen Frontlenker entwickelt, um der mittlerweile umtriebigen Konkurrenz die Stirn bieten zu können. 2649 ihrer Heck-Lieferwagen hatten die schwäbischen Einzelkämpfer bis dahin zusammengeschraubt, zumeist Pritschenversionen. Kastenaufbauten gab es auf Wunsch.

Mit dem neuen Atlas, dessen Serienfertigung im Dezember 1949 anlief, versuchte Gutbrod, sich eine größere Schnitte des Transporter-Kuchens zu sichern. Wilhelm Gutbrod, der Seniorchef, sollte die Premiere des neuen Modells aber nicht mehr erleben: Er starb im Sommer 1949.

Der Atlas, wiederum mit Schnürles Zweitakter versehen, drängelte sich mit 800 Kilo Nutzlast zwischen die Dreiräder von Tempo und Goliath und die Vierradtransporter von VW und Auto Union. Der neue Geschäftsführer Walter Gutbrod, dem Zeitzeugen eine unstillbare Gier nach Innovationen nachsagen, hatte freilich nicht nur in den neuentwickelten Treibsatz investiert: Er ließ bei Binz in Stuttgart ein Stahlblech-Fahrerhaus in Frontlenker-Bauweise entwickeln, das den optischen Anschluß an die großen Mitbewerber sichern sollte. Nachdem 1949 mehrere Prototypen entstanden waren – die frühen Versionen mit Blech-Falz in der Mitte des Fahrerhauses und geteilter Frontscheibe –, entschloß sich der Firmenchef für eine geglättete Version mit durchgehender Frontscheibe, dem Gutbrod-Wappen am Bug und drei in die Frontseite eingeprägten Blechsicken. Schön war er damit nicht, der Gutbrod, aber zumindest so zeitgemäß wie seine großen Rivalen von der Donau oder dem Mittellandkanal. In der Kastenwagen-Version wirkte der Atlas 800 deutlich repräsentativer als die Dreirad-Vehikel der Konkurrenz.

Das fand offenbar auch die Gutbrod-Kundschaft, die das Stammwerk in Plochingen

*Schwer zu schleppen hatte der 16-PS-Zweitakter, wenn Aufbauhersteller dem Atlas stolze Koffer-Kreationen ins Kreuz wuchteten. Speziell der Möbeltransporter (kleines Bild) wird voll beladen zum wüsten Schlangenstifter geworden sein.*

üppig mit Aufträgen eindeckte: 1950 lieferte Gutbrod über 4000 Atlas-Transporter aus, zum Grundpreis von 4980 Mark für die Pritschenversion. Gutbrod gehörte damit nicht mehr zu den ganz Kleinen im Lande, zumal die Schwaben im gleichen Jahr vollends auf die Überholspur ausgeschert waren: Unter der technischen Leitung Dr. Hans Scherenbergs – richtig, dem Mercedes-Mann, der 1952 wieder nach Untertürkheim zurückkehrte – war der Superior entstanden, ein sportlicher Zweisitzer, der im Herbst 1950 in Serie ging. Walter Gutbrod, der mittelständische Fabrikant aus Süddeutschland, besaß damit die zweitgrößte private Automobilfabrik Deutschlands. Glas in Dingolfing bastelte zur gleichen Zeit noch an Roller-Prototypen herum und baute Landmaschinen. Porsche hatte gerade erst die Serienfertigung in Stuttgart gestartet. Nur Borgward in Bremen war größer.

Zeitgenössische Tester begrüßten den Atlas mit offenen Armen. Last-Auto und Omnibus rührte Anfang 1951 im unsynchronisierten Dreigang-Getriebe, ließ 7,7 Liter Gemisch durch den 30er Solex-Vergaser laufen und lobte den Gutbrod „als Kleintransporter der großen Klasse, der durch seine Gebrauchshärte und Wirtschaftlichkeit seinen Weg machen wird". Offenbar gab es Gutbrod-Eigner mit Atlas-Typen der ersten Stunde, welche die Dinge etwas anders sahen: Sie beschwerten sich per Leserbrief über Kinderkrankheiten wie Stegrisse im Zylinderkopf und durchgebrannte Kolbenböden und fragten, wieviele Schmiergelder denn zwischen der Gutbrod-Chefetage und der Redaktion geflossen seien.

*Gutbrod schnitt sich ein dickes Kuchenstück aus dem Marktanteil – speziell in Süddeutschland waren die schwäbischen Transporter recht populär.*

*Des Atlas' Erfolgsgeheimnis: Es gab kaum Konkurrenz. Um 1953 sah die Sache schon anders aus.*

Jetzt wiederum waren die Tester vergrätzt: „Wir konnten dem Schreiber verschiedene Fahrzeuge mit mehr als 100 000 km nachweisen, die außer Kleinigkeiten keinerlei Reparaturanfälligkeit in dieser Zeit gezeigt haben!"

Auch Gutbrod bemühte sich um tadellose Referenzen: „Alle sind begeistert vom Atlas 800!", titelte eine Broschüre mit Kundenbriefen, die der Plochinger Hersteller 1951 an seine Händler verteilte. Ein Fahrzeugmakler aus Hamburg berichtete von seinem Atlas 800, „der bereits 130 000 km gelaufen ist" und erst „verhältnismäßig wenige Reparaturen brauchte". „Auch mit fünf schweren Küchenbuffets beladen fährt der Wagen ruhig und einwandfrei", urteilte ein Möbelhändler aus Ennepetal. „Das Fahrzeug macht nach halbjährigem Gebrauch einen tadellosen Eindruck", vermerkte ein Hanauer Kohlengroßhändler in seinem Schreiben vom August 1950.

Andere Lobeshymnen auf den schwäbischen Frontlenker verbreitete gleichzeitig die Fachpresse: Ein holländischer Transportunternehmer war Anfang 1950 mit seinem Atlas 800 über Salzburg und Graz nach Zagreb aufgebrochen, hatte auf eine Distanz von 1300 Kilometern einen Schnitt von 45 km/h erreicht und dabei „kaum $6^1/_2$ Liter im Mischverhältnis 1:20" verbraucht. Der schwäbische Hersteller sponsorte zudem 1951 die Fernfahrt eines Heidelberger Geographie-Professors ins Atlas-Gebirge (!), kaufte den 40 000 Kilometer alten Achtsitzer-Atlas zurück und stellte das nicht einmal gewaschene Expeditions-Fahrzeug der Fachpresse zur Verfügung. Last-Auto und Omnibus-Tester Reinhard Gebauer notierte in seinem Testbericht lakonisch, daß die Fahrerkabine durch den hintenliegenden Motor „geräuscharm, aber nicht ganz dröhnfrei" sei, überhaupt sei der Arbeitsplatz des Fahrers „nicht übertrieben ausgestattet". Zugfreie Entlüftung, Heizung oder Scheibenentfrostung waren nicht vorgesehen. Wer die Achtsitzer-Version des 800er Atlas orderte, durfte den Schwabenstolz also abwechselnd als Eisschrank oder Brutkasten einsetzen.

Gutbrod kämpfte um 1952 bereits auf verlorenem Posten. Die Konkurrenz war stärker, bewegte mehr Kapital, hatte die Bastel-Phasen längst verlassen. Anfang 1950 war die Gutbrod-Produktion von Plochingen nach Calw verlegt worden, wo es anfangs noch keinen Bahn-Anschluß zum Verladen fertiger Atlas-Transporter gab. Gutbrod-Chronist Jaus erzählt, wie die Kleinlaster das Werk verließen und erlaubt damit den Einblick in die Bastel-Mentalität des Werks: „Alle Mitarbeiter, die einen Führerschein besaßen, wurden zusammengetrommelt und bildeten eine Atlas-Karawane zum Bahnhof in Calw. Den Zulassungsbedingungen wurde entsprochen, indem das erste und letzte Fahrzeug jeweils ein Überführungskennzeichen trugen. Ob es sich hier um zwei Nummernschildpaare gehandelt hat oder ob das erste und letzte Fahrzeug mit demselben Kennzeichen bestückt wurden, ist leider nicht überliefert."

Das Haupt-Handicap des Atlas 800 war sein Motor, der sich zwar durch bescheidenen Kraftstoff-Konsum hervortat, mit 16 PS aber zu den zahmsten Aggregaten der Transporter-Klasse zählte. Im Juni 1951 erschien deshalb der Atlas 1000 mit 19 PS, den Gutbrod als Edel-Version über dem weiterhin angebotenen 800er plazierte. Technische Basis der Weiterentwicklung war nach wie vor der Schnürle-Zweitakter aus dem einstigen H 604. Eine Tonne Nutzlast versprach der Hersteller, zudem gab es hydraulische Bremsen und größere Reifen. Mit 5600 Mark stand der Atlas 1000 als Pritschenwagen in den Preislisten – aber Gutbrod war längst nicht mehr allein auf dem Markt der Vierrad-Transporter: VW hatte die Serienfertigung des Transporters anlaufen lassen; Goliath und Tempo boten auch optisch ähnliche Modelle, aber mit größerem Kundendienstnetz; Zweitakt-Verfechter griffen zum DKW, der aus Vorkriegstagen den Ruf der Solidität gerettet hatte. Bereits 1951 begann die Talfahrt der Verkaufszahlen: Im Vergleich zu 4162 Transportern im Vorjahr fertigten die Schwaben nur noch 3295 Einheiten.

Gutbrod probte die Flucht nach vorn und baute die Modellpalette aus, hob eine Version mit Doppelkabine ins Programm, ließ sich beim Karosserie-Zulieferer Binz drei Muster-Krankenwagen bauen, bot serienmäßige Spezialaufbauten für den Getränke- oder Fleischtransport an, nahm Vieh- und Verkaufswagen von Westfalia ins Sortiment – allein: Die Zeit floß den Plochinger Familienunternehmern davon. Ein Atlas 1000/3 erschien zum Jahresbeginn 1953, mit Dreizylinder-Triebwerk und 28 PS, entwickelt auf der Zweitakt-Basis des bisherigen 1000er-Modells. Gleichzeitig erhielt der Standard-Transporter den 19-PS-Motor des einstigen Topmodells, zudem auch dessen hydraulische Bremsen, und hieß jetzt Atlas 800/H. Der Aktivismus der Schwaben gipfelte schließlich in einer 700er-Version mit 18 PS und einer Dreivierteltonne Nutzlast, gedacht als Einstiegs-Modell für Kleinstunternehmer und Landwirte.

Aber da waren die Gutbrod-Kassen schon leer – im Juli 1953 bereits flossen die Zahlungen des Familienbetriebs nur noch spärlich, im September 1953 sprach der Buchprüfer von „länger anhaltender Illiquidität“. Gutbrod hatte sich, mit Vollgas auf dem Weg zur erwachsenen Automobilfabrik, ins Aus gewirtschaftet. 2649 Heck-Modelle und 10 906 Atlas vermeldet die Produktionsstatistik bis zum endgültigen Produktionsstopp 1953/54, eine stolze Zahl für den einstigen Landmaschinenbauer.

Immerhin schrieb sich Gutbrod mit einem schmalen Kapitel in die deutsche Automobilgeschichte ein. Hauptdarsteller der kurzen Erfolgsstory war freilich nicht der Atlas: Legende werden durfte der Superior, 1951 der erste deutsche Pkw mit serienmäßiger Kraftstoffeinspritzung. Er erzählt noch heute vom atemlosen Innovationswillen der schwäbischen Klein-Hersteller.

*Schwaben-Stolz: In einer Werbebroschüre zeigte Gutbrod 1953, wieviele Markenartikel-Hersteller dem Atlas vertrauten.*

*Angeschmiert: Gutbrod stellte seine Produktion 1954 ein; Werkstätten und Teile wurden knapp – klar, daß kaum einer überlebte.*

# Die Kleinen, die Raren, die Vergessenen

## Goggo, Manderbach, Ostner, Triro: Statisten der Transporter-Szene

### Goggomobil Transporter

#### Rasende Briefkästen aus Dingolfing

Mit seinen Isaria-Landmaschinen war Hans Glas im bayerischen Dingolfing zur Figur eines provinziellen Lokalheroen geworden. Hartes Geld war im Haus, genug für Experimente: Den Gedanken, in die Motorroller-Fertigung einzusteigen, entwickelte Anfang der 50er Jahre Andreas „Anderl" Glas, der Sohn des knorrigen Unternehmers. Er baute Prototypen und nahm 1951 die Serienfertigung auf.

Drei Jahre später ging das Familienunternehmen den folgerichtigen nächsten Schritt: Aus den Goggo-Rollern wuchs ein gleichnamiges Kleinautomobil, das zum Lieblings-Vehikel der Führerschein-IV-Piloten avancieren sollte. Zwischen 1955 und 1969 baute Glas rund 280 000 Goggomobile und hatte damit den langlebigsten Kleinstwagen der deutschen Automobilgeschichte kreiert. Hätte BMW, seit 1966 Besitzer der Glas-Fabrik, nicht das Goggo-Band angehalten, hätte es wohl noch in den 80er Jahren treue, hochbetagte Goggomobil-Käufer gegeben...

Weniger legendär ist heute die Transporter-Version des Dingolfinger Mikrochips – vielleicht liegt's daran, daß der Kasten kaum

*Staatsdiener: Die Bundespost war Hauptabnehmer des Goggo-Transporters, Privatkunden machten sich eher rar. Rund 2000 Exemplare liefen als rollende Briefkästen und für die Paketzustellung.*

Ähnlichkeit mit der Goggo-Basis hatte: Anderl Glas ließ seinem Bestseller nicht etwa einen Kombi-Buckel mit dritter Tür im Heck anpassen, sondern entschied sich für eine drastisch vergrößerte Blechhülle mit seitlichen Schiebetüren, Heckklappe, 1,60 Kubikmeter großem Laderaum und einer Nutzlast von 250 Kilogramm. Der quadratrische Blechkasten saß auf der unveränderten Bodenpartie des Goggomobils, für knatternden Vortrieb sorgten wahlweise das 250-Kubik-Motörchen mit 13,6 PS oder die etwas größere 300er-Version mit 15 Pferdestärken. Ein 400-Kubik-Aggregat mit 20 PS stellte ab 1960 die vordere (!) und hintere Pendelachse des Kleinstmobils auf eine harte Probe, gehört heute aber zu den Pretiosen der Kleintransporterszene. Ein exklusives Feature wurde im übrigen den frühen Kastenwagen zuteil: Die vier Gänge ließen sich mit einem fingergroßen Hebelchen auf dem Armaturenbrett vorwählen! Das nicht ganz unfehlbare Patent gab Glas später zugunsten der regulären H-Schaltung (freilich mit auf dem Kopf stehendem Schema) auf.

Das Äußere des Glas-Transporters war gnadenlos pragmatisch geraten: Die Verstärkungssicken in der Flanke und das geflügelte G-Emblem, das Glas ins Frontblech des Autochens pressen ließ, wirkten so roh, als hätte der Groß-Glas nie das Prototypenstadium verlassen. Repräsentationsaufgaben sollte sich der Lütte aber auch nicht widmen: Hauptabnehmer waren die Deutsche Bundespost und Kommunalverwaltungen.

Die Autobeschaffer des Bonner Ministeriums hatten 1956 in Dingolfing angeklopft und stellten den Kauf von 2000 Kleintransportern anheim, die vorwiegend zur Briefkastenentleerung in Großstädten eingesetzt werden sollten. Seit 1950 hatte die Bundespost den 250-Kubik-Tempo Boy geordert, doch dessen Serienproduktion lief Mitte 1956 aus. Kein deutscher Hersteller hatte ein ähnlich kleines Kaliber im Angebot – bis auf Glas mit dem Goggomobil. In Post-Diensten schloß der Glas-Kastenwagen die Lücke zwischen Moped und Eintonner, die wiederum bei VW und DKW geordert wurden.

In der Privatwirtschaft machte sich der Goggomobil Kleintransporter kaum Freunde, denen der „preiswerte Eiltransport kleiner Lasten" vorschwebte: Von November 1957 bis Jahresende 1965 lieferte Glas nur 3665 Exemplare aus – inklusive der rund 2000 Post-Kästen.

Anfang der 60er Jahre lancierte Glas noch eine Pickup-Version (und hatte dabei primär kommunale Kunden im Visier). Letzten Endes ließ die Goggo-Marktnische aber keine rentablen Stückzahlen zu: 250 Kilo Nutzlast konnten Kleinstunternehmer bequem im Heck ihres Ford Taunus Turnier oder Opel Rekord CarAVan (Zuladung 1959: 535 Kilo) unterbringen; und für den Neupreis eines Goggomobil-Transporters gab es zu Beginn der 60er Jahre schon sehr ordentliche VW-Busse vom Gebrauchtwagenhändler.

*„Ein nicht voll ausgelasteter Transporter ist stets unrationell!", behauptet das Pickup-Prospektblatt von 1960. Für die Mini-Pritsche entschieden sich meist Kommunalverwaltungen.*

## Manderbach

### Ost-Proben aus Nordhessen

Ein Framo mit Viertakt-Motor: Den Transporter, von dem Ost-Spediteure jahrzehntelang träumten, realisierte zwischen 1950 und 1956 ein Kleinst-Hersteller im hessischen Dillkreis. Allerdings brachte es Manderbach bis zur Eröffnung des Konkursverfahrens, 1956, auf nur 589 gebaute Exemplare. Als letzte westdeutsche Hersteller entsagten Manderbach und sein kleiner Mitbewerber Ostner hartnäkkig dem Frontlenker-Prinzip.

Manderbach baute seit 1928 Dreirad-Transporter, seit den dreißiger Jahren in Framo-Lizenz: Die sächsischen Konstruktionen wurden in Wissenbach, einem Nest in Nordhessen, montiert und erhielten das Manderbach-Emblem. In seinen Prospekten wies der Kleinhersteller nicht auf die fremde Herkunft seiner Drei- und Vierradwagen hin, sondern pries die „Werkmannsarbeit" der eigenen Mitarbeiter.

1949 startete Manderbach die Konstruktion des Dreivierteltonners mit seitengesteuertem 34-PS-Motor des Ford Taunus unter der geschwungenen Haube. Manderbach gab der Neuentwicklung (mit Framo-Rahmen und -Fahrwerk) keinen Namen – anders als in der Vorkriegszeit: die Framo-Lizenztypen hießen Condor –, und machte weder mit Werbe-Maßnahmen noch Testberichten in der Fachpresse von sich reden. 1954 kam Manderbach in wirtschaftliche Schwierigkeiten, 1956 tröpfelte die Kleinstserie aus.

## Ostner

### Neuanfang in der Oberpfalz

Die Fahrzeug-Manufaktur des Willy Ostner ist neben DKW die einzige Marke, deren Hallen von der russischen Militärregierung demontiert wurden und der Anfang der 50er Jahre trotzdem ein Neubeginn im Westen gelang. Allerdings war der zweiten Karriere keine lange Dauer vergönnt: 1955 ging Ostner im Baumaschinenkonzern Faun auf, 1958 erlosch die Marke für immer.

Unter dem Kürzel O.D. (Ostner Dresden) hatte Willy Ostner in den 20er und 30er Jahren Motorräder und Lieferwagen produziert, zuletzt mit dem 1172-Kubik-Vierzylindermotor des Ford Eifel. 1939 mußte Ostner allerdings auf Weisung des Schell-Plans die Produktion einstellen; trotz Demontage durch die russische Besatzungsmacht gelang ihm der Neuaufbau einer Fabrik in Sulzbach-Rosenberg in der Oberpfalz. Ostner präsentierte 1950 den Rex 4, einen Eintonner, dessen Kühlergesicht an spätere Opel-Blitz-, Borgward- und Hanomag-Modelle erinnerte. Der 34-PS-Motor kam vom Ford Taunus, das Fahrwerks-Layout und der Rahmen gingen auf Ostners letzten Vorkriegs-Vierradtransporter zurück. 1953 stellte der bayerische Hersteller auf der IAA noch zwei neue Modelle mit 1,3 und 1,5 Tonnen Nutzlast vor, die nach 1955 zur Basis des späteren Faun-Eilfrachters wurden. Die Produktion des Eintonner-Rex 4, der sich in seiner hart umkämpften Klasse zeitlebens schwer tat, schlief 1958 ein.

## Triro

### Flotter Dreier aus Möckmühl

Reifen wie Schubkarren-Pneus, Verarbeitung „in Maschinenfabrik-Qualität“, aber ein Preis, den keiner zahlen mochte: Mit dem Triro wagte sich 1949 die Maschinenfabrik Möckmühl GmbH auf den Kleintransportermarkt. Ohne Erfolg allerdings: Etwa 500 Exemplare stellten die Schwaben bis 1954 auf die „Kleinballon-Räder“ (Werbetext).

Es muß am Preis gelegen haben: 3675 Mark rief Triro für den stämmigen Halbtonner auf. Tempos Boy, ebenfalls mit dem alten Führerschein IV zu bewegen, stemmte nicht weniger Nutzlast. Und er war fast 1200 Mark billiger.

Den Triro gab es als Pritschenwagen oder mit Kofferaufbau, immer mit 248-Kubik-Doppelkolbenmotor, den das Möckmühler Werk von Triumph in Nürnberg bezog. Anders als bei Tempo verfeuerte das Triebwerk seine 10 PS aber nicht aufs einzelne Vorderrad, sondern reichte sie über eine Kardanwelle an die blattgefederte Hinterachse weiter. Sogar einen Hauch von Modellpflege wurde dem knuffigen Schwaben zuteil: Bis 1952 saß der Einbaumotor vor dem Fußraum des Fahrers, bis zum Produktionsstopp 1954 dann als Unterflur-Triebwerk unter dem Fahrersitz, was eine verkürzte Kardanwelle ermöglichte. Gleichzeitig spendierte die Maschinenfabrik Möckmühl ein Vierganggetriebe.

Gegen die Dreirad-Konkurrenz von Tempo und Goliath blieb der Triro aber ohne die Spur einer Chance. Zu wenig Nutzlast, kein Kundendienstnetz – Triro bediente in erster Linie Kunden der Region (wenngleich es sogar einen „Generalimporteur“ für die Schweiz gab!). Zwei oder drei überlebende Triros sind heute bekannt: Einer davon parkt im Automuseum von Fritz B. Busch in Wolfegg, ein weiterer läuft bei einem Sammler im Großraum Frankfurt, der ihn im perfekten Originalzustand vom Erstbesitzer übernahm.

*Die kleinen Räder dienen der Kippsicherheit, behauptete der Prospekt - rund 500 Kunden haben's geglaubt und griffen zum Triro aus Möckmühl.*

# Zweitakt-Wirtschaftswunder der DDR

## Die Framo- und Barkas-Schnelltransporter

Was auf den ersten Blick an das Lied von den zehn kleinen Negerlein erinnert, war spätestens unter sozialistischem Vorzeichen eine Art planmäßiger Niedergang: Die Kraftfahrzeug-Industrie verlor eine Fertigungsstätte nach der anderen. Sicher, auf dem Gebiet der ehemaligen DDR hatte sich vor dem Krieg ohnehin nur ein Drittel aller deutschen Kraftfahrzeug-Betriebe befunden – doch nach 1945 war das meiste davon entweder zerstört oder wurde von den Sowjets abgebaut.

1947 gründeten die Genossen den Industrieverband Fahrzeugbau (IFA), der fortan alle noch verbliebenen Automobilhersteller unter seine Fittiche nahm. Bei den Nutzfahrzeugen betraf dies letztendlich das frühere Horch-Werk in Zwickau (VEB Sachsenring) und das Kfz-Werk in Werdau, das vormalige Phänomen-Werk Zittau (VEB Robur), das Ex-Daimler-Benz-Werk Genshagen (VEB Industriewerk Ludwigsfelde), den früheren Zubehörhersteller Waltershausen (Multicar) sowie die ehemalige Firma Framo in Frankenberg (VEB Barkas-Werke Karl-Marx-Stadt).

Schnelltransporter bis zu einer Tonne Nutzlast entstanden künftig ausschließlich im sächsischen Frankenberg bzw. im benachbarten Hainichen. Ursprünglich hatte Framo als Zulieferbetrieb für DKW fungiert und sich dann an den Bau eines zweitaktenden Drei-

*Er begleitete den Wiederaufbau im östlichen Deutschland: Framo V501/2, ein Werksbild von 1952.*

*Die runde Framo-Nase begegnete DDR-Besuchern bis tief in die 80er Jahre im Straßen-Alltag.*

rad-Lieferwagens auf DKW-Basis gewagt. Unmittelbar zu Beginn des Zweiten Weltkriegs fertigte dann ein Zweigbetrieb in Hainichen das luftgekühlte Hauben-Modell V 500, gefolgt vom V 501. Beide Frontriebler wurden von 490-ccm-Zweitaktern aus dem DKW-Baukasten angetrieben. Der 15 PS starke V 501-Zweizylinder war übrigens bereits wassergekühlt. Von jenem „Einheitstyp" entstanden schließlich bis zu 5750 Einheiten pro Jahr. Unter volkseigener Ägide konzentrierte man sich dann auf den nur wenig veränderten V 501/2 mit dem wassergekühlten 0,5-Liter-Zweizylinder. Dieser Dreiviertel-Tonner mit einer Karosserie in Mischbauweise (Holz und Stahl) blieb bis 1954 im Programm – mit Jahresstückzahlen von etwa 1000 Einheiten.

*Als westdeutsche Hersteller bereits mehrheitlich zum Frontlenker-Prinzip gefunden hatten, bekam der V 901/2 ein bißchen mehr Chromschmuck am altertümlich gestylten Bug.*

*Nimm drei: Der Zweitakt-Motor saß auch im rundlichen IFA F9.*

Zufriedenstellend waren die Minitransporter in Haubenbauweise keineswegs, wenngleich die Sachsen keine Konkurrenz zu fürchten hatten. Immerhin entschlossen sie sich, ab 1954 den V 901/2 herauszubringen, der über den wassergekühlten 0,9-Liter-Dreizylinder des IFA-F9-Pkw verfügte, äußerlich aber dem Vorgänger glich. Allerdings waren sowohl Radstand als auch Fahrerhaus verbreitert worden, es blieb aber erst einmal beim Heckantrieb und bei den freistehenden Scheinwerfern im Schnauferl-Look. Die von DKW stammende Motor-Konstruktion sollte ursprünglich die damals neue Meisterklasse beflügeln, war aber wegen des Kriegs nicht zum Einsatz gekommen.

Zugunsten eines besseren Drehmoments wurde die Leistung für den Framo V 901/2 auf 24 bis 28 PS bei 3600 U/min gedrosselt, man behielt aber das Dreigang-Getriebe bei. Pritschen-, Kasten-, Kombi- und Bus-Versionen mit inzwischen in die Kotflügel integrierten Scheinwerfern wurden ausgeliefert; Spezialbetriebe setzten auch Leiter- oder Krankenwagen-Aufbauten aufs stabile Chassis. Doch auch nachdem 1957 schließlich die VEB Barkas-Werke mit Sitz in Karl-Marx-Stadt (Chemnitz) etabliert wurden, änderte sich an der inzwischen ziemlich antiquierten Transporter-Konzeption nichts.

Erst 1961 lief die Produktion eines völlig neuen Frontlenker-Lieferwagens mit Vorderradantrieb an: Ab sofort gab's den irgendwie sympathisch dreinschauenden Barkas B 1000 mit dem zweitaktenden Einliter-Dreizylinder des Wartburg 311. Wobei der Name „Barkas" aus dem Phönizischen kommt und „der Schnelle", „der Blitz" bedeutet! Das Gestühl war direkt über den Rädern angeordnet, der Motor lag etwas abgesenkt zwischen den Sitzen noch vor der Vorderachse. „Überrascht und erfreut über die moderne und ansprechende Form", äußerten sich die Fachblätter in der DDR und lobten: „Ein im In- und Ausland begehrter Schnelltransporter mit Weltniveau". Doch das Fahrwerk – mit Einzelradaufhängung, Drehstabfederung und Trommelbremsen rundum – entsprach weiterhin gängiger Technik aus dem Automobilwerk Eisenach, wo erst der F9, dann der davon abgeleitete Wartburg hergestellt wurde. Besonders hinderlich dürfte angesichts der vielen Umlenkgelenke die Lenkrad-Schaltung gewesen sein, erst später ging man zur Knüppelschaltung über.

Aber die Nutzmasse des 1200 Kilo schweren Gefährts war auf eine Tonne gewachsen, wiederum wurde ein großes Spektrum an Ganzstahl-Aufbauten offeriert: Neben dem selbsttragend gestalteten Grundtyp, dem geschlossenen Kastenwagen und seinen Versionen Kombi und Kleinbus (für bis zu acht Personen) gab es nunmehr auch Spezialfahrzeuge mit Hilfsrahmen. Dies waren Koffer-, Pritschen- und Krankenwagen sowie Kleinlösch- und Isothermfahrzeuge.

Natürlich wollten auch die Genossen der Volkspolizei und der Armee auf dieses Fahrzeug nicht verzichten – kein Wunder, daß Gewerbetreibende oder Spediteure nur nach langer Wartezeit an die begehrten Transporter gelangten. Deren Motorleistung erreichte freilich nie die atemberaubenden 50 PS des Thüringer Ponton-Pkw – man beschränkte sich auf mäßige 45 PS bei 3500 Touren, konnte aber so ein maximales Drehmoment von 103 Nm bei 2750 U/min nutzen. Mit einer Spitze von 95 km/h, später sogar 110 km/h, war der Zweitakt-Barkas angegeben, bis zu 12 l/100 km aus dem 42-Liter-Tank genehmigte er sich.

Ende der achtziger Jahre, zeitgleich mit dem Ende der DDR, vollzog sich auch im VEB Barkas die letzte Wandlung: Getreu dem bisherigen Wartburg-Vorbild schwenkten die Sachsen auf den VW-Viertakter mit 1,3 Liter Hubraum um. „Mumie mit Herzschrittmacher", spotteten die Kunden, die endlich auch andere Fabrikate ins Auge fassen konnten. Damit verglichen hatte der Barkas keine Chance mehr; der Betrieb mußte eingestellt werden. Da half es auch nichts mehr, daß endlich Traum-Kombinationen wie das Barkas-Wohnmobil mit Westfalia-Aufbau offeriert wurden: Die Kundschaft war vergrätzt und hatte sich binnen kurzem anderen Anbietern zugewandt.

*Tausendsassa: 1961 erschien der Barkas B 1000 – Privatkunden durften auf den modern gezeichneten Eintonner so lange warten wie auf einen Wartburg oder Trabant.*

Der kleine Bösingfelder
BR 64-4861

DKW
3=6
Springtime in
EUROPE

# Technische Daten

## VW Bus, Ford FK und Taunus Transit, DKW Schnellaster, Tempo-Transporter, Goliath-Transporter, Lloyd LT, Gutbrod Atlas

Als Grundlage dieser Datensammlung dienten zeitgenössische Testberichte der Fachpresse, Herstellerangaben in Prospekten und Händlerinformationen sowie Werner Oswalds Standardwerk *Lastwagen, Lieferwagen, Transporter 1945–1988.*

Insbesondere bei den kleineren Herstellern oder wenig verbreiteten Modellvarianten kam es während der Recherchen mitunter vor, daß sich einzelne Zahlenwerte widersprachen. Nicht immer war dann die Suche nach der einzig wahren Angabe frei von Zweifeln; wir bitten um Nachsicht, denken aber, daß die Datenzusammenstellung an sich schon hilfreich ist.

Alle damals möglichen Fahrzeugabmessungen zu nennen, war natürlich nicht realisierbar – es hätte den Rahmen dieses Buchs gesprengt, zumal es auch hier unzählige Sonderformen und -wünsche gab, die fast nicht dokumentierbar sind.

**Abbildungen gegenüber:**
***„Der kleine Bösingfelder" – Kinderüberraschung: Plötzlich waren die Schulwege viel bequemer geworden.***

***„Springtime in Europe" – The DKW Cattle Van in Glendale, California.***

# Technische Daten VW

| Modell | VW Typ 2 | VW Typ 2 | VW Typ 2 |
|---|---|---|---|
| Bauzeit | 1950 bis 1953 | 1954 bis 1964 | 1963 bis 1967 |
| Motor | luftgekühlter Vierzylinder-Viertaktmotor im Heck | | |
| Hubraum in ccm | 1131 | 1192 | 1493 |
| Bohrung × Hub in mm | 75 × 64 | 77 × 64 | 83 × 69 |
| PS bei 1/min | 25/3300 | 30/3400; ab 1960: 34/3600 | 42/3800; ab 1965: 44/4000 |
| Gemischzufuhr | Solex-Fallstromvergaser, ab 1960: Startautomatik | | |
| Tankinhalt in Liter | 40 | | |
| Elektrische Anlage | 6 Volt, Batterie im Motorraum; ab 1966: 12 Volt | | |
| Getriebe | Vierganggetriebe; ab 1952: 2. bis 4. Gang synchronisiert; ab 1959: vollsynchronisiert | | |
| Vorderradaufhängung | Kurbellenkerachse, Drehstabfederung | | |
| Hinterradaufhängung | Pendelachse, Drehstabfederung | | |
| Bremssystem | Hydraulische Einkreis-Trommelbremse; ab 12/66: Zweikreis-Bremssystem | | |
| Reifengröße | 5,50-16; ab 1955: 6.40-15; ab 1963: 7,00-14 (6 PR) | | |
| Rahmen | Hilfsrahmen aus Längs- und Querträgern, Karosserie mittragend | | |
| Radstand in mm | 2400 | | |
| Spur in mm | 1356/1360 | 1356/1360; ab 1955: 1370/1360 | 1370/1360; ab 1964: 1375/1360 |
| Abmessungen Pritsche Länge × Breite × Höhe in mm | ab 1952: 4140 × 1710 × 1890; ab 1955: 4190 × 1710 × 1920; ab 1959: 4290 × 1750 × 1920 (ohne Plane) | | |
| Abmessungen Kastenwagen Länge × Breite × Höhe in mm | 4100 × 1700 × 1900; ab 1955: 4190 × 1725 × 1940; ab 1959: 4280 × 1725 × 1940; ab 1960: 4280 × 1750 × 1940 | | |
| Leergewicht in kg (Kastenwagen) | 1250 | 1025; ab 1955: 1040; ab 1960: 1120; ab 1964: 1140 | 1140 |
| Nutzlast in kg | 760 | 800 | 830; ab 1963: auch 1 to |
| Höchstgeschwindigkeit in km/h | 90 | 95 | 105 |
| Verbrauch pro 100 km (DIN) in Liter | 10,5 | | |
| Neupreis in DM (Kastenwagen) | 5850 (1950) | 5975 (1954) | 6245 (1964) |
| Stückzahl | ca. 1,85 Mio. Exemplare | | |

# Technische Daten Ford

| Modell | Ford FK 1000 (G13T...) | Ford FK 1000 (G43T...) | Taunus Transit 1000 (G43T...) |
|---|---|---|---|
| Bauzeit | 1953 bis 1955 | 1955 bis 1961 | 1961 bis 1962 |
| Motor | Vierzylinder-Viertakt-Reihenmotor, wassergekühlt | | |
| Hubraum in ccm | 1172 | | |
| Bohrung × Hub in mm | 63,5 × 92,5 | | |
| PS bei 1/min | 38/4250 | | |
| Gemischzufuhr | Solex-Fallstromvergaser 28 VFIS | | Solex-Fallstromvergaser 28 PCI |
| Tankinhalt in Liter | 38 | | |
| Elektrische Anlage | 6 Volt, Batterie unter Beifahrersitz | | |
| Getriebe | Ab Serienbeginn unsynchronisiertes Dreiganggetriebe, ab März 1954 unsynchronisiertes Vierganggetriebe serienmäßig für Kleinbus, für alle anderen Modelle auf Wunsch, ab Juni 1960 für alle Modelle vollsynchronisiertes Vierganggetriebe, für alle Modelle bis September 1963 Lenkradschaltung, danach bis Serienende Mittelschaltung | | |
| Vorderradaufhängung | Halbelliptische Längsblattfedern | | |
| Hinterradaufhängung | Starrachse, Längsblattfedern | | |
| Bremssystem | Hydraulisches Einkreis-Bremssystem | | |
| Reifengröße | 6,70-15 | | |
| Rahmen | Kastenrahmen mit verstärkten Unterzügen, selbsttragender Karosserieaufbau | | |
| Radstand in mm | 2300 | | |
| Spur in mm | 1340/1360 | | |
| Abmessungen Tiefpritsche Länge × Breite × Höhe in mm | 4250 × 1820 × 1960 | | |
| Abmessungen Kastenwagen Länge × Breite × Höhe in mm | 4300 × 1740 × 1965 | | |
| Leergewicht in kg | 1100 (Kasten- und Pritschenwagen) | | |
| Nutzlast in kg | 1000 (Kasten- und Pritschenwagen) | | |
| Höchstgeschwindigkeit in km/h | 95 | | |
| Verbrauch pro 100 km (DIN) in Liter | ca. 8,8 | | |
| Neupreis in DM (Kasten) | 7375 (1953) | 7065 (1955) | 6275 (1961) |
| Stückzahl | ca. 30 000 Exemplare | | |

# Technische Daten Ford

| Modell | Ford FK 1000 1,5 (G4BT...) | Ford FK 1250 (G7BT...) | Taunus Transit 800 (G1T...) | Taunus Transit 1000 (G4BT...) | Taunus Transit 1250 (G7BT...) | Taunus Transit 1500 (671) |
|---|---|---|---|---|---|---|
| **Bauzeit** | 1955 bis 1961 | 1958 bis 1961 | 1962 bis 1965 | 1961 bis 1965 | 1961 bis 1965 | 1963 bis 1965 |
| **Motor** | Vierzylinder-Viertakt-Reihenmotor, wassergekühlt | | | | | |
| **Hubraum in ccm** | 1498 | | | | | 1698 |
| **Bohrung × Hub in mm** | 82 × 70,9 | | | | | 84 × 76,7 |
| **PS bei 1/min** | 55/4250 | | | | | 60/4250 |
| **Gemischzufuhr** | Solex-Fallstromvergaser 28 PICB | | | | | |
| **Tankinhalt in Liter** | 38 | | | | | |
| **Elektrische Anlage** | 6 Volt, Batterie unter Beifahrersitz, ab 1964 auch auf Wunsch 12-Volt-Drehstrom-Anlage | | | | | |
| **Getriebe** | Ab Serienbeginn unsynchronisiertes Dreiganggetriebe, ab März 1954 unsynchronisiertes Vierganggetriebe serienmäßig für Kleinbus, für alle anderen Modelle auf Wunsch, ab Juni 1960 für alle Modelle vollsynchronisiertes Vierganggetriebe, für alle Modelle bis September 1963 Lenkradschaltung, danach bis Serienende Mittelschaltung | | | | | |
| **Vorderradaufhängung** | Halbelliptische Längsblattfedern | | | | | |
| **Hinterradaufhängung** | Starrachse, Längsblattfedern | | | | | |
| **Bremssystem** | Hydraulisches Einkreis-Bremssystem, ab 1964 auf Wunsch Bremskraftverstärker und Zweikreis-Bremssystem | | | | | |
| **Reifengröße** | 6,70-15 | | 6,40-13 | 6,70-15 | | 6,40-15 |
| **Rahmen** | Kastenrahmen mit verstärkten Unterzügen, selbsttragender Karosserieaufbau | | | | | |
| **Radstand in mm** | 2300 | | | | | |
| **Spur in mm** | 1340/1360 | | | | | 1360/1440 |
| **Abmessungen Tiefpritsche Länge × Breite × Höhe in mm** | 4250 × 1820 × 1960 (alle Pritschen-Modelle außer TT1500, ohne Plane und Spriegel) | | | | | 4660 × 2010 × 1950 |
| **Abmessungen Kastenwagen Länge × Breite × Höhe in mm** | 4300 × 1740 × 1965 | | 4300 × 1740 × 1935 | 4300 × 1740 × 1965 | | |
| **Leergewicht in kg** | 1120 (Holzpritsche) | | 1080 (Holzpritsche) | 1120 (Holzpritsche) | | 1370 (Holzpritsche) |
| **Nutzlast in kg** | 1000 (Kasten) | 1250 (Kasten) | 830 (Kasten) | 1000 (Kasten) | 1250 (Kasten) | 1365 (Kofferwagen) |
| **Höchstgeschwindigkeit in km/h** | ca. 100 | | | | | 95 |
| **Verbrauch pro 100 km (DIN) in Liter** | 9,0 | 9,2 | 8,9 | 9,0 | 9,2 | 11,4 |
| **Neupreis in DM (Kasten)** | 7240 (1955) | 7100 (1958) | 5875 (1962) | 6675 (1961) | 6855 (1961) | 11250 (1963) |
| **Stückzahl** | ca. 220 000 Exemplare | | | | | |

# Technische Daten DKW

| Modell | DKW F 89 L | DKW F 800/30 | DKW F 800/3 (3=6) |
|---|---|---|---|
| Bauzeit | 1949 bis 1954 | 1954 bis 1955 | 1955 bis 1962 |
| Motor | Zweizylinder-Zweitaktmotor mit Umkehrspülung und Flachkolben (quer; ab 1952: längs vor der Vorderachse) | | Dreizylinder-Zweitaktmotor mit Umkehrspülung und Flachkolben |
| Hubraum in ccm | 684 | 792 | 896 |
| Bohrung × Hub in mm | 76 × 76 | 78 × 83 | 71 × 76 |
| PS bei 1/min | 20/3600; ab 1952: 22/4200 | 30/3800 | 32/4000 |
| Gemischzufuhr | Solex-Horizontalvergaser | | Solex-Fallstromvergaser |
| Tankinhalt in Liter | 30 | 40 | |
| Elektrische Anlage | 6 Volt, Batterie unter Fahrersitz | | |
| Getriebe | Dreigang, unsynchronisiert, Mittelschaltung; ab 1952: Viergang, unsynchronisiert | Viergang, Lenkradschaltung; 2.–4. Gang synchronisiert | |
| Vorderradaufhängung | Querlenker unten, eine Querfeder oben | | |
| Hinterradaufhängung | Längslenker, Drehstäbe quer | | |
| Bremssystem | Hydraulische Trommelbremse | | |
| Reifengröße | 5,50-16; Pritsche: 6,00-16 | 5,50-16 oder 6,00-16 | 5,50-16 oder 6,00-16 Extra Transport |
| Rahmen | Kastenrahmen mit Querträgern | | |
| Radstand in mm | 2500 (Pritsche 3000); ab 1952: 2750 (Pritsche 3000) | 2750 (Pritsche 3000) | |
| Spur in mm | 1190/1250; ab 1952: 1320/1390 | 1317/1400 | |
| Abmessungen Pritsche Länge × Breite × Höhe in mm | 4440 × 1790 × 2035 (mit Plane); ab 1952: 4455 × 1856 × 1900 | 4455 × 1890 × 1900 | 4486 × 1850 × 2027 |
| Abmessungen Kastenwagen Länge × Breite × Höhe in mm | 3925 × 1550 × 1900; ab 1952: 4180 × 1670 × 1900 | 4180 × 1670 × 1900 | 4177 × 1670 × 1900 |
| Leergewicht in kg (Pritsche) | 1040; ab 1952: 1080 | 1130 | 1170 |
| Nutzlast in kg | 745, ab 1952: 750 (Kastenwagen); 745, ab 1952: 735 (Kombi); 820, ab 1952: 780 (Pritsche) | 800 (Kastenwagen); 785 (Kombi); 830 (Pritsche) | 800 (Kastenwagen); 800 (Kombi); 850 (Pritsche) |
| Höchstgeschwindigkeit in km/h | 78; ab 1952: 80 | 85 | 90 |
| Verbrauch pro 100 km (DIN) in Liter | 9,0 Liter Gemisch | 9,5 Liter Gemisch | 10,0 Liter Gemisch |
| Neupreis in DM | 5880 (Pritsche); 6535 (Kastenwagen); 6975 (Kombi); 7675 (Bus) | 6990 (Kombi); 7990 (Bus) | 6990 (Kombi); 7990 (Bus) |
| Stückzahl | ca. 58 800 Exemplare | | |

# Technische Daten Tempo

| Modell | Tempo A 400 bzw. (ab 1949): Hanseat | Tempo Hanseat (ab 1949) | Tempo Boy |
|---|---|---|---|
| **Bauzeit** | 1945 bis 1950 | 1950 bis 1956 | 1950 bis 1956 |
| **Motor** | Zweizylinder-Zweitaktmotor (JLO), wassergekühlt, Frontantrieb | Zweizylinder-Zweitaktmotor, (JLO, ab 1953: Heinkel) wassergekühlt, Frontantrieb | Einzylinder-Zweitaktmotor (JLO), wassergekühlt, Frontantrieb |
| **Hubraum in ccm** | 397,4 | bis 1953: 397,4, ab 1953: 396 | bis 1953: 197 oder 244 ccm, ab 1953: 245 ccm |
| **Bohrung × Hub in mm** | 61 × 68 | 61 × 68 (397 ccm), 62 × 66 (396 ccm) | 43 × 68 (197 ccm), 48 × 68 (244 ccm), 69 × 66 (245 ccm) |
| **PS bei 1/min** | 12,5/3500 | 13,5/3500 (397 ccm), 15/4500 (396 ccm) | 7,5/4000 (197 ccm), 9,5/4000 (244 ccm), 10/4500 (245 ccm) |
| **Gemischzufuhr** | Flachstromvergaser Graetzin KF 2054 | Flachstromvergaser Bing | |
| **Tankinhalt in Liter** | 12 Liter | | |
| **Elektrische Anlage** | 6 Volt, Batterie unter Sitzbank | | |
| **Getriebe** | Dreigang, unsynchronisiert, Krückstockschaltung | Viergang, unsynchronisiert, Krückstockschaltung | Dreigang, unsynchronisiert, Krückstockschaltung |
| **Vorderradaufhängung** | Kettenkasten als Träger des Vorderrads, Schraubenfedern | | |
| **Hinterradaufhängung** | Starrachse, Längsblattfedern | Pendelachse, zwei Schraubenfedern pro Rad | Pendelachse, eine Schraubenfeder pro Rad |
| **Bremssystem** | Mechanisch | Mechanisch, ab 6/54 hydr. Einkreis-Bremssystem | Mechanisch, ab 6/54 hydr. Einkreis-Bremssystem |
| **Reifengröße** | 5,50-16 | | 4,50-16 |
| **Rahmen** | Zentralrohrrahmen | | |
| **Radstand in mm** | 2870 oder 3170 | 2870, 3170 oder 3570 | 2870 |
| **Spurweite hinten in mm** | 1370, bei diversen Aufbauten (Kasten, Koffer, Tiefpritsche) 1700 | | 1370, mit Tiefpritsche 1700 |
| **Abmessungen Tiefpritsche Länge × Breite × Höhe in mm** | 4650 × 1970 x 1550 (Radstand 3170) | 4685 × 1980 × 1600 (Radstand 3170) | 4120 × 1980 × 1600 |
| **Abmessungen Kastenwagen Länge × Breite × Höhe in mm** | 3920 × 2000 × 1750 (Radstand 2870) | 4430 × 2000 × 2015 (Radstand 3170) | 4060 × 1690 × 1590 |
| **Leergewicht in kg (Tiefpritsche)** | 790 (mit Fahrer) | 840 (mit Fahrer) | 700 (mit Fahrer) |
| **Nutzlast in kg** | 750 | 740, ab 1953: 680 | 420, ab 1953: 495 |
| **Höchstgeschwindigkeit in km/h** | 50 km/h (voll beladen) | 55 km/h (voll beladen) | 40 km/h (voll beladen) |
| **Verbrauch pro 100 km (DIN) in Liter** | ca. 7,5 | | ca. 6 |
| **Neupreis in DM** | 4835 (Kastenwagen, 1949) | 3900 (Kastenwagen, 1950) | 2980 (Kastenwagen, 1950) |
| **Stückzahl** | 43 431 Exemplare | | 5937 Exemplare |

| Modell | Tempo Matador (Volkswagen-Motor) | Tempo Matador 1000 | Tempo Matador 1400 |
|---|---|---|---|
| Bauzeit | 1949 bis 1952 | 1952 bis 1955 | 1952 bis 1956 |
| Motor | Vierzylinder-Viertakt-Boxermotor, luftgekühlt, Frontantrieb | Dreizylinder-Zweitaktmotor (Heinkel), wassergekühlt, Frontantrieb | Vierzylinder-Viertaktmotor (Heinkel), wassergekühlt, Frontantrieb |
| Hubraum in ccm | 1131 | 672 | bis 1955: 1092, ab 1955: 1123 |
| Bohrung × Hub in mm | 75 × 64 | 66 × 66 | 70 × 71 (1092 ccm), 70 × 73 (1123 ccm) |
| PS bei 1/min | 24,5 bei 3000 | 26 bei 4500 | 34, ab 1955: 39 bei 3600 |
| Gemischzufuhr | Solex-Fallstromvergaser 26 VFJ | Solex-Fallstromvergaser 30 BFLH | Solex-Fallstromvergaser 28 VFJS |
| Tankinhalt in Liter | 40 Liter | | |
| Elektrische Anlage | 6 Volt, Batterie unter Sitzbank | | |
| Getriebe | Viergang, unsynchronisiert, Mittelschaltung | Viergang, dritter und vierter Gang synchronisiert, Mittelschaltung | Viergang, dritter und vierter Gang synchronisiert, Mittelschaltung |
| Vorderradaufhängung | Pendelachse, Querblattfeder oben | Querlenker unten, Querblattfeder oben | |
| Hinterradaufhängung | Pendelachse, zwei Schraubenfedern pro Rad | | |
| Bremssystem | Hydraulisches Einkreis-Bremssystem | | |
| Reifengröße | 6.00-16 | | 6.50-16 |
| Rahmen | V-förmiger Doppelrohrrahmen | | |
| Radstand in mm | 2600, 2800, 3000 oder 3150 | 2400, 2600 oder 2750 | 2400, 2600, 3000 oder 3150 |
| Spurweite in mm | vorn: 1470, hinten: 1470 | vorn: 1350, hinten: 1390 | vorn: 1470, hinten: 1470 |
| Abmessungen Tiefpritsche Länge × Breite × Höhe in mm | 4530 × 1820 x 1770 (Radstand 2600 mm) | 4700 × 1720 x 1900 (Radstand 2600 mm) | 4700 × 1720 × 1910 (Radstand 2600 mm) |
| Abmessungen Kastenwagen Länge × Breite × Höhe in mm | 4330 × 1730 x 1800 (Radstand 2600 mm) | 4350 × 1630 x 1900 (Radstand 2400 mm) | 4380 × 1740 × 1910 (Radstand 2400 mm) |
| Leergewicht in kg (Tiefpritsche) | 1050 | 1100 | 1100 |
| Nutzlast in kg | 875 | 900 | bis 1380 |
| Höchstgeschwindigkeit in km/h | 75 | 80 | 80 |
| Verbrauch pro 100 km (DIN) in Liter | ca. 9,5 | ca. 9 | ca. 11 |
| Neupreis in DM | 6900 (Kastenwagen, 1950) | 7350 (Kastenwagen, 1953) | 8450 (Kastenwagen, 1953) |
| Stückzahl | 13 691 Exemplare | 4867 Exemplare | 6054 Exemplare |

# Technische Daten Tempo

| Modell | Tempo Wiking | Tempo Wiking I | Tempo (Wiking) Rapid | Tempo Matador I |
|---|---|---|---|---|
| Bauzeit | 1953 bis 1955 | 1955 bis 1963 | 1957 bis 1963 | 1955 bis 1963 |
| Motor | Zweizylinder-Zweitaktmotor (Heinkel), wassergekühlt, Frontantrieb | | Vierzylinder-Viertaktmotor, (Austin) wassergekühlt, Frontantrieb | Vierzylinder-Viertaktmotor (Heinkel, ab 4/57: Austin), wassergekühlt, Frontantrieb |
| Hubraum in ccm | 452 | | 948 | bis 4/57: 1123, ab 4/57: 1489 |
| Bohrung × Hub in mm | 66 × 66 | | 63 × 76 | 70 × 73 (1123 ccm), 73 × 89 (1489 ccm) |
| PS bei 1/min | 17 bei 4000 | | 32 bei 4100 | 39 bei 3600 (Heinkel), 48 bei 4100 (Austin) |
| Gemischzufuhr | Bing-1/24/53-Kolbenschieber-Startvergaser | | Solex-Fallstromvergaser 28 PCI | Solex-Fallstromvergaser 28 VFJS (Heinkel), 32 PICB (Austin) |
| Tankinhalt in Liter | 17 Liter | 26 Liter | 40 Liter | |
| Elektrische Anlage | 6 Volt, Batterie unter Sitzbank | | | |
| Getriebe | Viergang, dritter und vierter Gang synchronisiert, Mittelschaltung | Viergang, dritter und vierter Gang synchronisiert, Schalthebel in Armaturenbrettmitte | Viergang, vollsynchronisiert, Schalthebel in Armaturenbrettmitte | |
| Vorderradaufhängung | Querlenker unten, Querblattfeder oben | | | |
| Hinterradaufhängung | Pendelachse, eine Schraubenfeder pro Rad | | | |
| Bremssystem | Hydraulisches Einkreis-Bremssystem | | | |
| Reifengröße | 5.90-16 | 5.90-15 | 5.90-15 oder 6.40-15 | 6.50-16 Extra Transport, ab 1961: 6.70-15 |
| Rahmen | V-förmiger Doppelrohrrahmen | | | |
| Radstand in mm | 2100, 2300, 2500 oder 2850 | 2100, 2300, 2700 oder 2850 | 2400, 2600, 2700, 2800, 3000 oder 3200 | 2400, 2600, 2800, 3000, 3200 oder 3300 (abhängig von Aufbauart) |
| Spur in mm | vorn: 1300, hinten: 1370 | | | vorn: 1350, hinten: 1390 |
| Abmessungen Tiefpritsche Länge × Breite × Höhe in mm | 4120 × 1640 × 1850 (Radstand 2100 mm) | 4510 × 1720 × 1860 (Radstand 2700 mm) | 4670 × 1720 × 1900 (Radstand 2700 mm) | 4370 × 1720 × 1940 (Kastenwagen mit 2400 mm Radstand und 16-Zoll-Bereifung) |
| Abmessungen Kastenwagen Länge × Breite × Höhe in mm | 3720 × 1640 x 1850 (Radstand 2500) | 3910 × 1720 x 1860 (Radstand nur 2100 mm) | 4370 × 1720 x 1900 (Radstand 2400 mm) | |
| Leergewicht in kg (Tiefpritsche) | 680 (Pritsche) | 900 (Kasten) | 1110 (Kasten) | 1150 (Pritsche) |
| Nutzlast in kg | bis 850 | 830 | bis 860 | bis 1340 (1,3 to), bis 1460 (1,5 to) |
| Höchstgeschwindigkeit in km/h | 75 | 80 | 85 | 100 (48 PS) |
| Verbrauch pro 100 km (DIN) in Liter | ca. 6,2 | ca. 7 | ca. 9 | ca. 10 |
| Neupreis in DM | 5300 (Kastenwagen, 1954) | 5635 (Kastenwagen, 1961) | 6450 (Kastenwagen, 1961) | 8150 (Kastenwagen, 1957) |
| Stückzahl | 14 437 Exemplare | 20 164 Exemplare | 21 284 Exemplare | 22 347 Exemplare |

| Modell | Tempo Matador E | Hanomag Matador E | Tempo/Hanomag Matador E Diesel |
|---|---|---|---|
| Bauzeit | 1963 bis 1966 | 1966 bis 1967 | 1964 bis 1967 |
| Motor | Vierzylinder-Viertaktmotor (Austin), wassergekühlt, Frontantrieb | | Vierzylinder-Viertakt-Dieselmotor (Hanomag), wassergekühlt, Frontantrieb |
| Hubraum in ccm | 1622 | | 1797 |
| Bohrung × Hub in mm | 76 × 89 | | 78 × 94 |
| PS bei 1/min | 54 bei 4000 | | 50 bei 4000 |
| Gemischzufuhr | Solex-Fallstromvergaser 32 PDSI | | Bosch-Einspritzpumpe |
| Tankinhalt in Liter | 40 | | |
| Elektrische Anlage | 6 Volt, Batterie unter Sitzbank | | |
| Getriebe | Viergang, vollsynchronisiert, Mittelschaltung | | |
| Vorderradaufhängung | Doppel-Querlenker, Längsfederstäbe | | |
| Hinterradaufhängung | Kurbel-Starrachse, Querfederstäbe | | |
| Bremssystem | Hydraulisches Einkreis-Bremssystem | | |
| Reifengröße | 6,70-13 Extra Transport (1 to), 6,70-15 Extra Transport (1,3 to), 6,70-15 XC Extra Transport (1,6 und 1,75 to) | | |
| Rahmen | Parallel-Doppelrohrrahmen mit Querträgern | | |
| Radstand in mm | 2400, 2800, 3000 (je nach Aufbau), für Möbelwagen-Aufbauten auch 3630 mm | | |
| Spurweite in mm | vorn: 1372, hinten: 1400 | | |
| Abmessungen Tiefpritsche Länge × Breite × Höhe in mm | 4730 × 1750 × 1950 (2800 mm Radstand) | | |
| Abmessungen Kastenwagen Länge × Breite × Höhe in mm | 4400 × 1700 × 2170 (2400 mm Radstand) | | |
| Leergewicht in kg (Tiefpritsche) | 1250 (Eintonner) | | 1300 (Eintonner) |
| Nutzlast in kg | 985 (Eintonner-Kastenwagen), 1300 (1,3-Tonner-Kastenwagen), 1560 (1,6-Tonner-Kastenwagen), 1850 (1,75-Tonner-Kastenwagen) | | Jeweils 60 kg weniger als entsprechendes Benzinermodell |
| Höchstgeschwindigkeit in km/h | 100 bis 105 (nach Aufbau) | | 90 bis 95 (nach Aufbau) |
| Verbrauch pro 100 km (DIN) in Liter | ca. 10 bis 11 (nach Aufbau) | | ca. 9 bis 10 |
| Neupreis in DM | 7425 (Eintonner-Kastenwagen, 1963) | 9100 (1,6-to-Kastenwagen, 1966) | 10 750 (1,6-to-Kastenwagen, 1966) |
| Stückzahl | 40 793 Exemplare | | |

# Technische Daten Goliath

| Modell | Goliath GD 750 | Goliath Goli | Goliath GV 800 | Goliath GV 800 A |
|---|---|---|---|---|
| Bauzeit | 1949 bis 1955 | 1955 bis 1961 | 1951 bis 1952 | 1952 bis 1953 |
| Motor | Zweizylinder-Zweitaktmotor, wassergekühlt, Heckantrieb | Zweizylinder-Zweitaktmotor, luftgekühlt, ab 4/57 wassergekühlt, Heckantrieb | Zweizylinder-Zweitaktmotor, wassergekühlt, Heckantrieb | Zweizylinder-Zweitaktmotor, wassergekühlt, Heckantrieb |
| Hubraum in ccm | 396 | 493, ab 4/57: 461 | 465 | 586 |
| Bohrung × Hub in mm | 60 × 70 | 67 × 70, ab 4/57: 65 × 70 | 65 × 70 | 73 × 70 |
| PS bei 1/min | 14/4000 | 17, ab 1957: 16/4000 | 16/4800 | 21/4000 |
| Gemischzufuhr | Flachstromvergaser Solex 26 BFR | Flachstromvergaser Solex 32 HR, ab 4/57 Solex 26 BFR | Flachstromvergaser Solex 26 BFRH | Flachstromvergaser Solex 32 BJPU |
| Tankinhalt in Liter | 14 | 25 | | |
| Elektrische Anlage | 6 Volt, Batterie unter Sitzbank | | | |
| Getriebe | Viergang, unsynchronisiert, Mittelschaltung | | | |
| Vorderradaufhängung | Schwingarm, Blattfeder | | Querlenker oben, Querblattfeder unten | |
| Hinterradaufhängung | Starrachse, Längsblattfedern | | | |
| Bremssystem | Mechanisch, ab 1953 hydr. Einkreis-Bremssystem | Hydraulisches Einkreis-Bremssystem | Mechanisch (Gestänge und Seilzug) | Hydraulisches Einkreis-Bremssystem |
| Reifengröße | 5,50-16 | 6,40-13, 6,70-13 oder 6,70-13 verstärkt | 5,50-16 | |
| Rahmen | U-Profil-Preßstahlrahmen | | | |
| Radstand in mm | 2950, a.W.: 3350 | | 2000 | 2400 |
| Spur in mm (vorn/hinten) | 1400, a.W.: 1600 | | 1400/1400 | 1400/1400, a.W.: 1400/1600 |
| Abmessungen Tiefpritsche Länge × Breite × Höhe in mm | 4460 × 1720 × 1600 (bei 1400 mm hinterer Spur) | 4500 × 1700 × 1600 (bei 1400 mm hinterer Spur) | 4140 × 1690 × 1750 | 4550 × 1630 × 1750 (1400 mm Spurbreite) |
| Abmessungen Kastenwagen Länge × Breite × Höhe in mm | 4120 × 1570 × 1650 (bei 1400 mm hinterer Spur) | 4300 × 1700 × 1600 (bei 1400 mm hinterer Spur) | 4000 × 1600 × 1820 | 4400 × 1600 × 1820 (1400 mm Spurbreite) |
| Leergewicht (Tiefpritsche) in kg | 750 (mit Fahrer) | 750 (leer) | 830 (mit Fahrer) | 834 (mit Fahrer) |
| Nutzlast in kg | ca. 750 | 750 bis 950 | 770 bis 800 | 850 |
| Höchstgeschwindigkeit in km/h | ca. 55 | ca. 65 | 60 | 75 |
| Verbrauch pro 100 km (DIN) in Liter | ca. 8 | | ca. 9 | |
| Neupreis in DM | 3600 (Pritsche, 1949) | 4000 (Pritsche, 1955) | 5700 (Pritsche, 1951) | 5680 (Pritsche, 1952) |
| Stückzahl | 30093 | 9904 | 4016 | |

| Modell | Goliath Express (700 E) | Goliath Express (900 E) | Goliath Express (900 V) | Goliath Express (1100) |
|---|---|---|---|---|
| Bauzeit | 1953 bis 1955 | 1955 bis 1957 | 1956 bis 1957 | 1957 bis 1961 |
| Motor | Zweizylinder-Zweitaktmotor, wassergekühlt, Frontantrieb | | | Vierzylinder-Viertakt-Boxermotor, wassergekühlt, Frontantrieb |
| Hubraum in ccm | 688 | 886 | | 1093 |
| Bohrung × Hub in mm | 74 × 80 | 84 × 80 | | 74 × 64 |
| PS bei 1/min | 29/4000 | 40/4000 | 38/4250 | 40/4250 |
| Gemischzufuhr | mechanische Bosch-Einspritzpumpe | | Solex-Horizontalvergaser 44 HR | Solex-Fallstromvergaser 32 PJCB, ab 1959: 32 KL-D 5 |
| Tankinhalt in Liter | 38 | | | 45 |
| Elektrische Anlage | 6 Volt, Batterie unter Sitzbank | | | |
| Getriebe | Viergang, synchronisiert, Mittelschaltung | | | Viergang, vollsynchronisiert, Lenkradschaltung |
| Vorderradaufhängung | Querlenker oben, Querblattfedern unten | | | |
| Hinterradaufhängung | Starrachse, Längsblattfedern | | | |
| Bremssystem | Hydraulisches Einkreis-Bremssystem | | | |
| Reifengröße | 6,40-15 | | | 6,70-15 |
| Rahmen | U-Profil-Preßstahlrahmen | | | |
| Radstand in mm | 2500 | | | |
| Spur in mm (vorn/hinten) | 1350/1400 | | | |
| Abmessungen Länge × Breite × Höhe in mm | 4600 × 1810 × 1870 (Hoch- und Tiefpritsche) | | | |
| Abmessungen Kastenwagen Länge × Breite × Höhe in mm | 4520 × 1810 × 1880 | | | 4550 × 1810 × 1870 |
| Leergewicht (Tiefpritsche) in kg | 1080 (Pritsche mit Fahrer) | | | 1150 (mit Fahrer) |
| Nutzlast in kg | 950 (Pritsche) | | | |
| Höchstgeschwindigkeit in km/h | 90 | 95 | | 92 |
| Verbrauch pro 100 km (DIN) in Liter | 8 | | | 8,7 |
| Neupreis in DM | 5980 (Pritsche, 1953) | 6200 (900 E Pritsche, 1955) | | 6600 (1100 Pritsche, 1957) |
| Stückzahl | 8129 Exemplare mit Zweitaktmotor, davon 2365 Kombi und Luxusbus | | | 5634 Ex., davon 1804 Kombi und Luxusbus |

# Technische Daten Lloyd

| Modell | Lloyd LT 500 | Lloyd LT 600 |
|---|---|---|
| Bauzeit | 1952 bis 1955 | 1955 bis 1961 |
| Motor | Zweizylinder-Zweitaktmotor, luftgekühlt, Frontantrieb | |
| Hubraum in ccm | 386 | 596 |
| Bohrung × Hub in mm | 62 × 64 | 77 × 64 |
| PS bei 1/min | 13/3750 | 19/4500 |
| Gemischzufuhr | Flachstromvergaser Solex 30 BFR | Flachstromvergaser Solex 28 VFIS |
| Tankinhalt in Liter | 31 | |
| Elektrische Anlage | 6 Volt, Batterie im Motorraum | |
| Getriebe | Dreigang, unsynchronisiert, Krückstockschaltung | Dreigang, unsynchronisiert, ab 7/57 Viergang, vollsynchronisiert, Krückstockschaltung |
| Vorderradaufhängung | zwei Querfedern | |
| Hinterradaufhängung | Pendelachse, Längsblattfedern | |
| Bremssystem | Mechanisch (Seilzug), ab 3/53 hydr. Einkreisbremssystem | Hydraulisches Einkreis-Bremssystem |
| Reifengröße | 5,60-13 | |
| Rahmen | Zentralrohrrahmen | |
| Radstand in mm | 2350 | 2350 oder 2850 |
| Spur in mm (vorn/hinten) | 1200/1200 | |
| Abmessungen Tiefpritsche Länge × Breite × Höhe in mm | 3530 × 1545 × 1620 (Pritschenwagen, nur 1952/53) | 4050 × 1485 × 1630 (Pick-up-Version, langer Radstand) |
| Abmessungen Kastenwagen Länge × Breite × Höhe in mm | 3530 × 1545 × 1620 | 3550 × 1485 × 1630 (Kastenwagen, kurzer Radstand) |
| Leergewicht (Tiefpritsche) in kg | 725 (Pritsche mit Fahrer) | 720 (Pick-up) |
| Nutzlast in kg | 530 (Kasten) | 475 (Kasten) |
| Höchstgeschwindigkeit in km/h | 65 | 85 |
| Verbrauch pro 100 km (DIN) in Liter | ca. 6 | ca. 6,5 |
| Neupreis in DM | 4675 (LT 500 6sitzer, 1953) | 4760 (LT 600 Kasten, 1957) |
| Stückzahl | 9900 | 14768 |

# Technische Daten Gutbrod

| **Modell** | **Gutbrod Heck 504/604** | **Gutbrod Atlas 800 bzw. 800/H (ab 2/53)** | **Gutbrod Atlas 1000 bzw. Atlas 1000/3** |
|---|---|---|---|
| **Bauzeit** | 1946 bis 1950 | 1950 bis 1954 | 1951 bis 1954 |
| **Motor** | Vierzylinder-Zweitakt-Motor (Heck 604, ab 10/49: Zweizylinder-Zweitakt-Motor), luftgekühlt, Heckantrieb | Zweizylinder-Zweitakt-Motor, luftgekühlt, Heckantrieb | Zweizylinder-Zweitakt-Motor (1000/3, lieferbar ab 2/53: Dreizylinder), luftgekühlt, Heckantrieb |
| **Hubraum in ccm** | 492, Heck 604: 576 | 576, ab 2/53: 662 | 1000: 662, 1000/3: 987 |
| **Bohrung × Hub in mm** | 504: 52 × 58, 604: 70 × 75 | 70 × 75, ab 2/53: 75 × 75 | 75 × 75 |
| **PS bei 1/min** | 504: 12 bei 4000, 604: 14 bei 3500 | 16 bei 3500, ab 2/53: 19 bei 3500 | 1000: 19 bei 3500, 1000/3: 28 bei 4000 |
| **Gemischzufuhr** | 504: ein Bing-Vergaser, 604: Solex-Vergaser 30 BRFH | Solex-Fallstromvergaser 30 BRFH | |
| **Tankinhalt in Liter** | k.A. | 27 | |
| **Elektrische Anlage** | 6 Volt | | |
| **Getriebe** | Dreiganggetriebe, unsynchronisiert, Mittelschaltung, für 1000er-Modelle: Krückstock-Schaltung | | |
| **Vorderradaufhängung** | Doppel-Querblattfedern | | |
| **Hinterradaufhängung** | Pendelachse, Schraubenfedern | | |
| **Bremssystem** | Mechanisches Einkreis-Bremssystem | Mechanisches, ab 2/53 hydraulisches Einkreis-System | Hydraulisches Einkreis-Bremssystem |
| **Reifengröße** | 5.00-16 | 5.50-16 | 6.00-16 |
| **Rahmen** | Zentralrohrrahmen | | |
| **Radstand in mm** | 2960 | 1950/51: 2200 oder 2500, danach 2350 einheitlich | 2350 |
| **Spur in mm** | vorn: 1050, hinten: 1366 | vorn: 1300, hinten: 1330 | |
| **Abmessungen Tiefpritsche Länge × Breite × Höhe in mm** | 4250 × 1650 × 1550 (Pritsche) | 4210 × 1790 × 1860 (Pritsche, 2200 mm) | 4340 × 1800 × 1900 (Pritsche) |
| **Abmessungen Kastenwagen Länge × Breite × Höhe in mm** | ca. 4250 × 1600 × 1750 | 3960 × 1630 × 1920 (Kastenwagen, 2200 mm) | 4190 × 1600 × 1950 (Kastenwagen) |
| **Leergewicht in kg (Tiefpritsche)** | ca. 680 | ca. 850 | |
| **Nutzlast in kg** | 750 | 800 | 1000 |
| **Höchstgeschwindigkeit in km/h** | ca. 60 | | ca. 70 |
| **Verbrauch pro 100 km (DIN) in Liter** | ca. 9 | ca. 9,5 | ca. 10 |
| **Neupreis in DM** | 4395 (Pritsche, 1949) | 4980 (Pritsche, 1950) | Atlas 1000: 5600 (Pritsche, 1951), 1000/3: 6580 (Pritsche, 1954) |
| **Stückzahl** | 2649 Exemplare | 10 906 Exemplare | |

# HEEL´s STANDARDWERKE

**Die beiden renommierten Buchreihen „DAS ORIGINAL" und „EDITION OLDTIMER MARKT" aus dem HEEL Verlag bietet unverzichtbare Nachschlagewerke zu verschiedenen Autotypen. Diese wertvollen Sammel editionen dürfen in der Bibliothek eines echten Oldtimer-Fans nicht fehlen!**

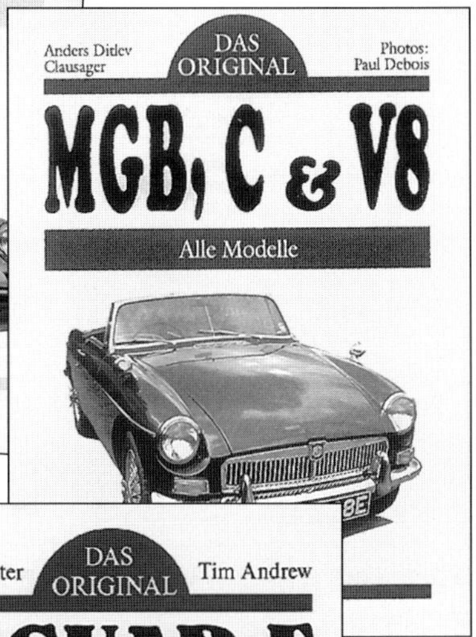

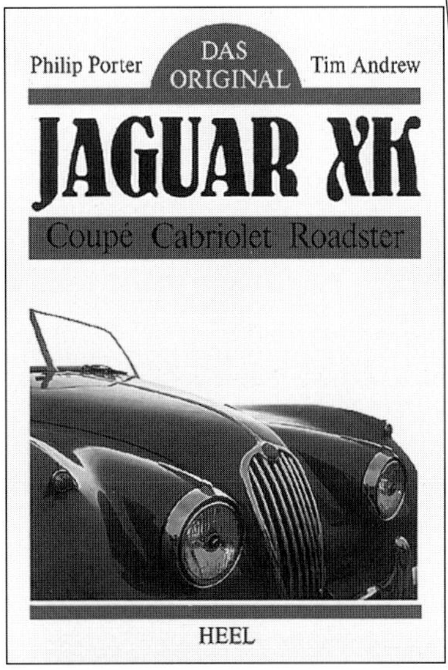

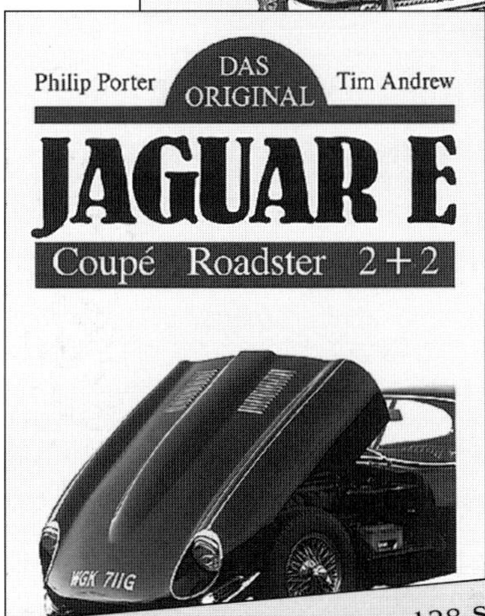


Jeder Titel aus der Reihe „DAS ORIGINAL" mit ca. 128 Seiten, ca. 200 teils farbigen Abbildungen, im Format 210 x 297 mm, Hardcover zum Preis von

**DM 78,–** (zzgl. Porto u. Versand)

Jeder Band aus der Reihe „EDITION OLDTIMER MARKT" mit ca. 128 Seiten, ca. 200 teils farbigen Abbildungen, im Format 210 x 297 mm, Hardcover zum Preis von nur

**DM 39,80** (zzgl. Porto u. Versand)

## Bestellen Sie einfach über unsere 24h-HOTLINE!

**(persönliche Bestellannahme werktags von 9:00 bis 18:00 Uhr)**

**Bestell-Telefon: (0531) 799079**

**Bestell-Fax: (0531) 795939**

**Kunden aus der Schweiz wählen bitte:**
**Tel.: 01/785 09 89 • Fax: 01/784 58 28**

HEEL BÜCHER • 53639 Königswinter • Hauptstr. 354

In der Schweiz: HEEL AG • Rämpferstr. 2 • 8834 Schindellegi